Petra Bartoli y Eckert • Ellen Tsalos-Fürter

5-MINUTEN-MITMACH-GESCHICHTEN

FÜR KITA-KINDER

Geschichten vom Wütend-Sein

Verlag an der Ruhr

IMPRESSUM

Titel	**Geschichten vom Wütend-Sein** *5-Minuten-Mitmach-Geschichten für Kita-Kinder*
Autorinnen	Petra Bartoli y Eckert, Ellen Tsalos-Fürter
Titelbildmotiv	Petra Lefin
Illustrationen	Petra Lefin

Verlag an der Ruhr
Mülheim an der Ruhr
www.verlagruhr.de

Geeignet für die Altersstufen 3–6

Unser Beitrag zum Umweltschutz
Wir sind seit 2008 ein ÖKOPROFIT®-Betrieb und setzen uns damit aktiv für den Umweltschutz ein. Das ÖKOPROFIT®-Projekt unterstützt Betriebe dabei, die Umwelt durch nachhaltiges Wirtschaften zu entlasten. Unsere Produkte sind grundsätzlich auf chlorfrei gebleichtes und nach Umweltschutzstandards zertifiziertes Papier gedruckt.

ISBN 978-3-8346-0824-6

Printed in Germany

INHALTSVERZEICHNIS

INHALTSVERZEICHNIS

Wenn andere wütend sind

FÜR DEN ERWACHSENEN LESER

Kinder lieben Geschichten: Geschichten machen Spaß, regen ihre Fantasie an und liefern ihnen vor allem ein hohes Identifikationspotenzial. Mit der Reihe **„5-Minuten-Mitmach-Geschichten für Kita-Kinder"** können Sie diese kindliche Leidenschaft für Geschichten aufgreifen und Ihre Kinder gleichzeitig in wichtigen Lernbereichen fördern. In den drei Editionen
Aktive Sachgeschichten,
Aktive Gefühlsgeschichten und
Aktive Fantasiegeschichten
finden Sie informative, einfühlsame und ideenreiche Geschichten als Impuls zu einem speziellen Themenbereich. In den **Geschichten vom Wütend-Sein** erfahren Sie gemeinsam mit Ihren Kindern, dass Wütend-Sein ganz unterschiedliche Gründe haben kann: Mal sind wir wütend, weil wir uns ungerecht behandelt fühlen, dann vielleicht einmal aus Neid oder Eifersucht oder einfach nur weil etwas nicht so klappen will, wie wir es uns vorgestellt haben. Die Geschichten zeigen, dass wir nicht nur auf andere wütend sein können, sondern auch für andere und auf uns selbst. Mit den praktischen Anregungen in diesem Buch fördern Sie ein ganzheitliches Lernen mit allen Sinnen. Denn jeder Band liefert zu allen Geschichten eine Auswahl von abwechslungsreichen und handlungsorientierten Aufgaben aus den **Lernbereichen**

Sprache und Sprechen,

Natur und Lebenswelt,

Kreatives Gestalten,

Theater, Musik, Spiel, Spaß, Bewegung und Entspannung.

So können Sie die Themen der einzelnen Geschichten gezielt unter verschiedenen Blickwinkeln aufgreifen, vertiefen und weiterführen. Der Bereich Sprache und Sprechen umfasst in erster Linie Verständnisfragen zum Text. Damit helfen Sie den Kindern, die Geschichten inhaltlich aufzuarbeiten. Verschiedene Erzählanlässe bieten darüber hinaus die Möglichkeit, die Geschichten im Gespräch inhaltlich zu reflektieren und in größere Zusammenhänge zu stellen.

FÜR DEN ERWACHSENEN LESER

Neben dem Bereich Sprache und Sprechen fokussiert jede Edition einen ausgewählten Lernbereich, der für das Thema dieser Edition gewissermaßen Programm ist. Zu jeder Geschichte findet sich somit mindestens eine Anregung aus diesem Lernbereich. Anregungen zu allen übrigen Lernbereichen sind hingegen optional und variabel einsetzbar.
Bei den **Geschichten vom Wütend-Sein** steht der soziale Aspekt der Handlung im Vordergrund. Die Anregungen in dieser Edition enthalten insbesondere **Aufgaben zum szenischen Ausdruck**. Die Kinder lernen, dass auch das Wütend-Sein in unserem Gefühlsleben seine Berechtigung hat und uns manchmal sogar dabei hilft, für unsere Bedürfnisse oder die der anderen einzustehen. Darüber hinaus zeigen die Geschichten Handlungsmöglichkeiten auf, um Konfliktsituationen im Alltag sozialkompetent zu bewältigen und sich selbst sowie seine Mitmenschen zu verstehen.
Die Geschichten und Anregungen sind dabei inhaltlich wie praktisch so gehalten, dass sich die Kinder auch selbstständig mit einem Thema beschäftigen können: Die Textlänge ist überschaubar und lädt Leseanfänger geradezu dazu ein, sich den Text allein zu erschließen. Passende Illustrationen zur Kernszene jeder Geschichte sorgen zudem für Anschaulichkeit. Sie können die Bilder entweder vorab mit den Kindern betrachten, um sich auf das Thema einer Geschichte einzustimmen. Oder Sie nehmen die Illustration im Anschluss an eine Geschichte zum Anlass, um den Textinhalt noch einmal zu rekapitulieren. Und wer Lust hat, darf das Bild natürlich noch ausmalen. Zur praktischen Handhabe bietet es sich bisweilen an, die Illustration vergrößert zu kopieren und sie für alle Kinder sichtbar bereitzustellen. Das ist insbesondere dann wichtig, wenn Sie mit einer größeren Gruppe von Kindern zusammenarbeiten. Begleiten Sie Ihre Kinder mit den folgenden Geschichten durch die Gefühlswelt des Wütend-Seins, und nutzen Sie die zahlreichen Anregungen dazu, den Kindern zu zeigen, wie sie mit der eigenen Wut und der Wut der anderen umgehen können. Zu Hause oder in der Einrichtung – machen Sie die Geschichten vom Wütend-Sein zu einem unverzichtbaren Ritual.

Wir wünschen Ihnen viel Spaß beim Vorlesen und Weitermachen!

WUT-ZWERGE IM BAUCH

1

Heute ist ein schöner Tag, findet Vicki. Sie geht in die Sonnengruppe der Kita. Und heute fühlt sie sich auch richtig sonnig. Das ist ein warmes und strahlendes Gefühl.
„Kann ich in die Bauecke gehen?", fragt Vicki. Dort ist heute keines der anderen Kinder. Agnes, die Erzieherin, nickt. Vicki zieht die große Kiste mit den Bausteinen aus dem Regal. Dann kippt sie die Kiste zur Seite. Klappernd fallen die bunten Steine auf den Boden. Vicki setzt sich zufrieden daneben. Was könnte sie bauen? Ein Haus? Nein, das findet Vicki langweilig. Sie überlegt und kratzt sich dabei am Kopf. Genau! Vicki hat eine Idee! Sie baut einen Turm. Aber keinen kleinen Turm. Nein! Vicki baut den höchsten Turm der Welt. Vicki legt die Bausteine aufeinander. Erst einen gelben, dann einen blauen. Immer höher und höher wird der Turm. Jetzt muss Vicki aufstehen, denn im Sitzen kann sie das Ende des Turmes gar nicht mehr erreichen. Sie muss beim Bauen sogar ihre Arme hoch strecken. Stolz betrachtet Vicki den Turm. In der Hand hält sie einen roten Baustein. Der soll ganz oben als letzter Stein auf den Turm kommen. Vicki stellt sich auf ihre Zehenspitzen.
Sie macht sich ganz groß. Doch da passiert es: Rumms!
Mit einem schrecklichen Gepolter fällt Vickis Turm um!
Alle Bausteine, die Vicki aufeinandergesetzt hat, liegen jetzt auf einem Haufen durcheinander vor ihren Füßen.
Dabei war der höchste Turm der Welt doch beinahe fertig!
Vicki hält die Luft an. Da spürt sie plötzlich ein Grummeln und Gurgeln in ihrem Bauch. Erst macht es nur leise „Tock" und „Tschosch". Aber dann wird es immer lauter und wilder.
In Vickis Bauch fängt es an, zu trampeln und zu stampfen.
„Bumm" und „Garupp" macht es dort, immer schneller und fester. Die Wut-Zwerge sind wach! Die kennt Vicki gut.

1

WUT-ZWERGE IM BAUCH

Es passiert immer, wenn sie sich über etwas ganz schrecklich ärgert. Sonst wohnen diese Zwerge ganz friedlich in Vickis Bauch. Aber wenn es Ärger gibt, dann sind sie sofort hellwach. Sie beginnen, in Vickis Bauch einen riesigen Rabatz zu machen. Sie trampeln und stampfen, sie toben und grollen. Vicki muss sich dann ihren Bauch mit beiden Händen halten, damit er davon nicht zerplatzt.
Vicki will, dass die Wut-Zwerge aufhören, in ihrem Bauch zu treten. Vielleicht würde es helfen, wenn sie gemeinsam mit den Wut-Zwergen stampft und trampelt. Dann würde das gemeine Gefühl im Bauch nach und nach aufhören und irgendwann wären die Wut-Zwerge dann ganz müde von dem vielen Gestampfe und würden sich wieder schlafen legen. Das hat Vicki nämlich schon oft versucht.
Aber heute hat Vicki eine andere Idee. Sie atmet langsam aus. Dann flüstert sie: „Hört sofort auf damit!" Sie setzt sich vorsichtig auf den Boden. Ihre Hände hat sie immer noch auf den Bauch gedrückt. „Geht weg, ihr gemeinen Wut-Zwerge!", murmelt Vicki weiter. Und wirklich! Das Getrampel und Gestampfe in Vickis Bauch lässt nach. Nun ist da nur noch ein leises „Tock" und „Blub" zu spüren. Vicki atmet ruhig. Ob sie nun beruhigt weiterspielen kann? Sie horcht und lauscht. Tatsächlich, sie sind weg! Zum Glück! Vicki greift erleichtert nach einem Baustein, der direkt vor ihrer großen Zehe liegt, als plötzlich Agnes, die Erzieherin, neben ihr steht. „Ich habe gesehen, dass du dich vorhin geärgert hast. Ich finde es gut, dass du so mutig bist, mit deinem Turm noch einmal von vorne anzufangen", sagt sie und zwinkert Vicki zu. Ja, das findet Vicki auch. Und sie findet es wunderbar, dass sie die Wut-Zwerge losgeworden ist.
Aber davon will sie Agnes vielleicht später erzählen.

WUT-ZWERGE IM BAUCH

Zum Mitmachen, Ausprobieren und Staunen …

SAG DOCH MAL …

Vicki versucht, in der Bauecke etwas Tolles zu bauen. Weißt du noch, was das ist? Vielleicht kannst du dich auch noch erinnern, welche Farbe die Bausteine haben, die sie als Erstes benutzt? Welche Farbe hat der Stein, den sie als Letztes legen will? Als Vicki fast fertig ist, wachen die Wut-Zwerge in ihrem Bauch auf. Weißt du noch, wann das Vicki immer passiert? Was kann Vicki dagegen tun?

DIE WUT-ZWERGE MALEN

Male ein Bild von Vickis Wut-Zwergen. Am besten nimmst du dafür ein festes Papier, dann kannst du zum Gestalten auch Pinsel und Wasserfarben verwenden. Versuche, zu malen, wie die Zwerge in Vickis Bauch „Bumm“, „Garupp“, „Tock“ und „Blub“ machen. Wenn du ein kleines Teesieb zur Verfügung hast, kannst du dafür zum Beispiel mit der Zahnbürste so in dem Sieb herumreiben, dass kleine und große Spritzer der Farbe auf dem Bild mit den Zwergen landen.

DIE WUT-ZWERGE LOSWERDEN

Probiere einmal verschiedene Möglichkeiten aus, um die Wut im Bauch loszuwerden: Stapfe und trample kräftig auf den Boden, oder atme einmal langsam und ruhig ein und aus. Was fällt dir noch ein, wie man seine Wut loswerden kann? Mache es anderen Kindern vor. Dann dürfen es alle nachmachen.

2 LASS MICH MAL ERZÄHLEN!

Juhu! Tim springt in die Luft vor Freude. Gerade hat es an der Tür geklingelt. Und Tim weiß genau, wer da kommt: Seine Lieblingstante Simone. Leider wohnt sie ziemlich weit weg. Sogar in einem anderen Land, das Frankreich heißt. Dort sprechen die Leute eine andere Sprache. Nur Tante Simone spricht so, dass Tim sie gut verstehen kann. Aber sie kommt leider nur zweimal im Jahr zu Besuch. Doch darauf freut sich Tim dann immer ganz besonders. Denn Tante Simone erzählt spannende Geschichten, und sie kennt viele lustige Spiele, die sie mit Tim dann ausprobiert.

Tim rennt zur Tür und öffnet sie. „Oh, mein großer Tim-Tom-Tum!“, ruft Tante Simone erfreut. Sie umarmt Tim und hebt ihn lachend in die Höhe. Als sie Tim wieder absetzt, kommt Mama angelaufen. „Hallo Simone. Schön, dich zu sehen. Komm rein“, grüßt sie fröhlich.

Mama umarmt Tante Simone und führt sie in die Küche. Die beiden sind Schwestern. Darum müssen sie sich auch immer ganz viel erzählen, wenn sie sich sehen. Schon sitzen Mama und Tante Simone am Tisch und fangen zu reden an. Aber heute möchte Tim seiner Tante auch unbedingt etwas ganz Wichtiges erzählen. Sie hatten gestern im Kindergarten nämlich ein Länderfest. Und da durfte Tim die französische Fahne schwenken. Die hatte er sich eben darum ausgesucht, weil seine Tante in Frankreich wohnt. Das wird Tante Simone bestimmt interessieren.

Gerade, als Mama aufhört, zu reden, will Tim beginnen. „Tante Simone, stell dir vor …“ „Simone, magst du vielleicht eine Tasse Kaffee?“, unterbricht ihn Mama. Tante Simone nickt und sieht dann Tim an.

2

LASS MICH MAL ERZÄHLEN!

„Gestern war bei uns im Kindergarten ein tolles Fest", erzählt Tim weiter. Doch Mama unterbricht wieder: „Da fällt mir ein, dass ich ja noch Kuchen im Kühlschrank habe." Tim merkt, wie er langsam ärgerlich wird. „Ich habe eine Fahne gehalten", sagt Tim. „Mit Erdbeeren", sagt Mama. Tim ist sauer. Was soll das denn? Die Fahne hatte doch keine Erdbeeren drauf! „Eine Fahne mit bunten Streifen", sagt Tim deshalb genervt. „Magst du Sahne zum Kuchen?", fragt Mama. Jetzt ist Tim aber richtig wütend. Warum muss Mama ihn denn ständig unterbrechen? Wütend stapft Tim auf den Boden. Dann ruft er: „Jetzt lass mich endlich mal erzählen!" Mama erschrickt. Sie sieht Tim verblüfft an. „Es ist nicht besonders freundlich von dir, so wütend mit mir zu sprechen", sagt sie streng. „Aber du hast mich ständig unterbrochen und mich nicht fertig erzählen lassen", meint Tim. Seine Stimme klingt immer noch richtig ärgerlich. Mama runzelt die Stirn. Dann nickt sie. „Stimmt, du hast recht. Ich freue mich einfach so über Tante Simones Besuch. Da habe ich gar nicht gemerkt, dass du ihr gerade etwas erzählen willst. Tut mir leid."
Tim grinst. Seine Wut ist schon verflogen. Er findet es gut, dass Mama sich auch entschuldigt, wenn sie einen Fehler gemacht hat. „Jetzt erzähl. Was war los bei dir im Kindergarten?", fragt Tante Simone lächelnd. Und dann hören Tante Simone und Mama ihm ganz aufmerksam zu.

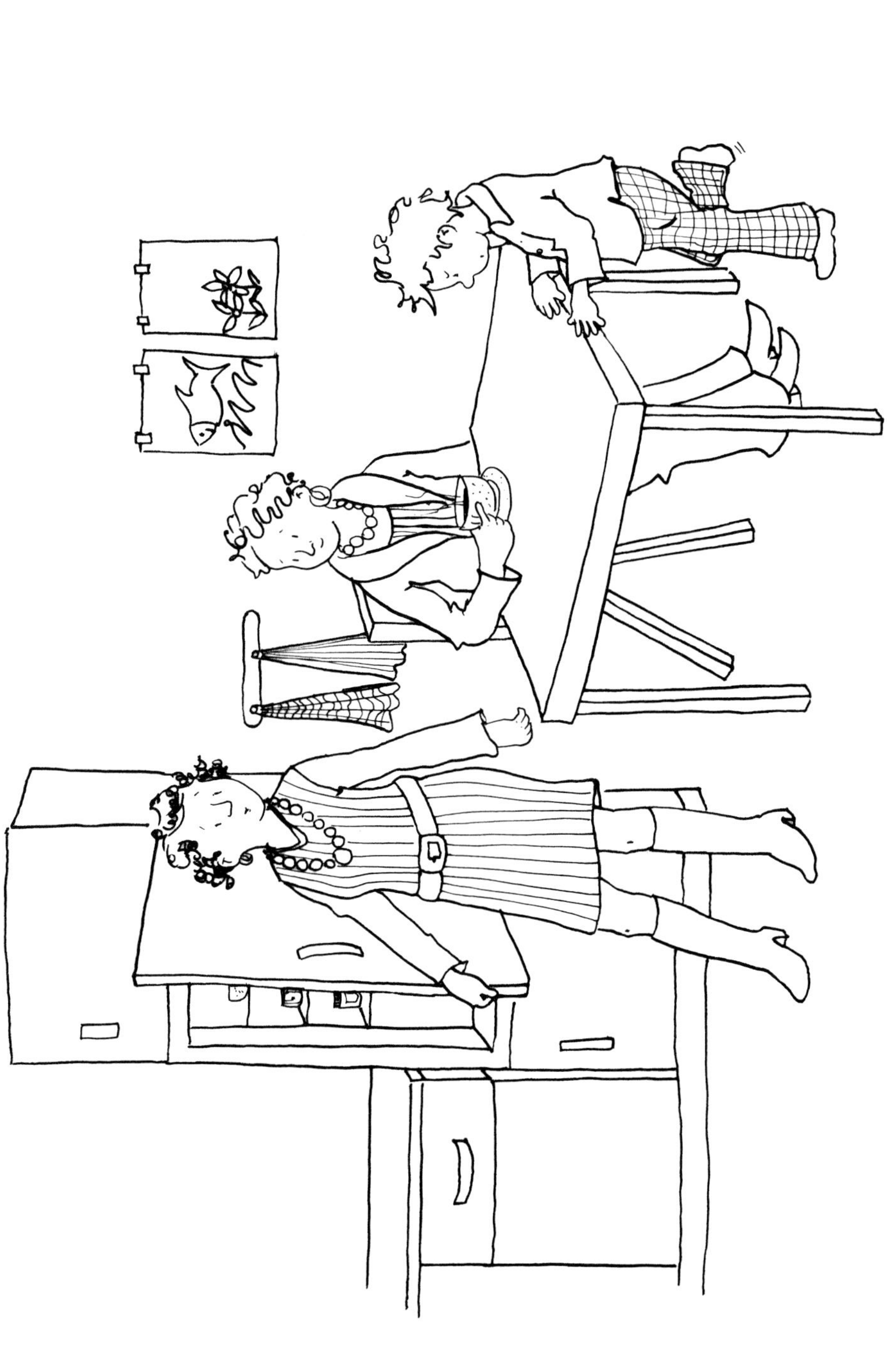

2

LASS MICH MAL ERZÄHLEN!

Zum Mitmachen, Ausprobieren und Staunen …

SAG DOCH MAL …

Weißt du noch, wer Tim und seine Mama besuchen kommt und warum sich Tim darüber ganz besonders freut?
Was will Tim der Besucherin unbedingt erzählen?

GESPRÄCHSREGELN-PLAKAT

Wenn man ein Gespräch miteinander führt, gibt es einiges zu beachten. Weißt du, welche Regeln es in einem Gespräch gibt? Sammle wichtige Regeln, an die man sich in einem Gespräch halten sollte, wie z.B. „Ausreden lassen“ oder „Zuhören können“. Fallen dir noch andere Sachen ein? Zeichne zu jeder Regel ein kleines Bild. Klebe dann deine Bilder auf ein großes Plakat. Das sind die Gesprächsregeln, die du kennst und die alle beachten wollen.

EIN REDESTAB ZUM SELBERBASTELN

Bastle mit deinen Freunden einen Redestab. Damit ist es leichter, andere ausreden zu lassen. Derjenige, der etwas zu sagen hat, hält den Stab in der Hand. Wenn er fertig ist, gibt er den Stab an den nächsten weiter. Nehmt euch dazu einen Rundstab aus Holz. Bemalt ihn mit bunten Farben. Ihr könnt ihn noch mit Klebstoff bestreichen und Glitter darauf streuen. Streicht am Schluss noch Klarlack darüber, damit nichts abfärbt.
Wenn der Lack trocken ist, könnt ihr den Redestab benutzen.

MAMA HAT KEINE ZEIT

Nils ist ein prima Straßenbauer. In seinem Zimmer hat er mit Bausteinen, Stöckchen und Seilen eine ganze Menge Straßen gelegt. Sogar Kreuzungen und einen Kreisverkehr gibt es.
Nun saust Nils mit seinen Spielzeugautos durch die Straßen.
Er schiebt erst sein grünes Rennauto über die breite Straße.
Dann lässt er das orangefarbene Müllauto zur Kreuzung rollen.
Dahinter brummt der rote Traktor. Der fährt natürlich ganz langsam, wie es sich für einen Traktor gehört.
Zufrieden fährt Nils mit dem Traktor bis zum Ende der Straße.
Dann hat er keine Lust mehr, Autos über die Straßen zu schieben. Er möchte seine tollen Straßen viel lieber Mama zeigen.
Darum steht Nils auf und läuft in die Küche. Dort steht Mama mit einem Hammer auf einer Leiter. Sie versucht gerade, einen Nagel in die Wand zu schlagen, um ein Bild aufzuhängen.
„Mama, komm mal mit", sagt Nils. „Im Moment geht es nicht", sagt Mama und fängt an, zu hämmern. „Aber ich muss dir unbedingt etwas zeigen", meint Nils. „Du musst leider einen Augenblick warten", sagt Mama und hämmert weiter.
Aber Nils will nicht warten. Er will Mama jetzt sofort seine Straßen im Kinderzimmer zeigen. „Komm jetzt", ruft er ärgerlich. Mama sagt nichts, sondern steigt ruhig von der Leiter. Nils nimmt ihre Hand und will sie mit sich ins Kinderzimmer ziehen. Mama zieht ihre Hand zurück. „Ich möchte noch das Bild aufhängen. Du musst etwas Geduld haben."
Nils ist jetzt so richtig wütend. „Blödes Bild!", schreit er.
Aber Mama reagiert nicht. Sie nimmt das Bild, das auf dem Küchentisch liegt, und steigt damit wieder auf die Leiter.
„Ich will aber, dass du jetzt Zeit hast!", brüllt Nils.
Mama steigt von der Leiter. „Ja", sagt sie, „jetzt habe ich eigentlich Zeit. Aber jetzt bin ich ärgerlich, weil du nicht

warten konntest.“ Wütend stapft Nils auf den Boden. Da merkt er, was Mama gerade gesagt hat. Jetzt hat sie Zeit. Dann hat er ja gar keinen Grund mehr, wütend zu sein. Und dass Mama ärgerlich ist, will er auch nicht. Er atmet ganz leise und sieht Mama abwartend an.

„Manchmal muss man etwas Geduld haben. Ich weiß, dass Warten nicht immer einfach ist“, sagt Mama. Nils nickt.

„Das Abwarten hat dich sogar richtig wütend gemacht.“

Wieder nickt Nils. Jetzt merkt er, dass er vielleicht nicht besonders freundlich zu Mama war.

„Entschuldigung“, murmelt er. „Hast du jetzt Zeit? Oder soll ich noch ein bisschen warten?“ Nils sieht seine Mutter vorsichtig an. Mama lacht. „Nein, du musst jetzt nicht mehr warten. Jetzt habe ich Zeit.“

Nils und Mama sind wieder gut gelaunt. Die Wut ist verflogen, und beide gehen gemeinsam ins Kinderzimmer. Endlich kann Nils seiner Mama zeigen, was er dort aufgebaut hat. Und Mama nimmt sich ganz viel Zeit, seine Straßen zu bewundern.

3

MAMA HAT KEINE ZEIT

Zum Mitmachen, Ausprobieren und Staunen …

SAG DOCH MAL …

Was möchte Nils seiner Mama zeigen, und warum hat seine Mutter gerade keine Zeit? Wie geht es dir, wenn du deinen Eltern gerne etwas zeigen möchtest, aber Mama oder Papa gerade keine Zeit haben? Bist du vielleicht wütend, traurig oder ungeduldig? Versuche einmal, zu beschreiben, welche Gefühle du dann hast.

BEI ROT STEHEN, BEI GRÜN GEHEN

Manchmal muss man warten, manchmal kommt man gleich an die Reihe. Suche dir ein paar Freunde, mit denen du das folgende Spiel machen kannst. Ein Kind bekommt ein rotes und ein grünes Tuch. Alle anderen gehen im Raum herum. Hebt das Kind das rote Tuch, müssen alle warten. Zeigt es mit dem grünen Tuch in die Luft, dürfen alle weitergehen. Hat ein Kind das Signal übersehen, muss es eine längere Pause machen und eine Runde aussetzen. Nach ein paar Runden wechselt das „Signalzeiger-Kind“.

WÜTEND-SEIN, WIE SIEHT DAS AUS?

Nils war wütend auf seine Mama, weil sie keine Zeit hatte. Wie sieht es aus, wenn jemand wütend ist? Kannst du das ohne Worte nachspielen? Stelle dich vor einen Spiegel, und mache ein wütendes Gesicht. Wie sieht der Rest deines Körpers aus, wenn du wütend bist? Am Schluss schüttelst du deinen Körper kräftig aus, damit die gespielte Wut wieder weg ist. Lächle am Ende dein Spiegelbild noch einmal an.

ICH WILL ABER!

4

„Hast du Lust, mit mir zum Einkaufen zu gehen?“, fragt Papa. Natürlich hat Pia Lust. Mit Papa macht das Einkaufen richtig Spaß. Papa trägt schon den großen Einkaufskorb und wartet an der Tür. Schnell holt Pia den kleinen Einkaufskorb, den sie von Oma Rosa zum Geburtstag bekommen hat. Jetzt kann es losgehen.

Wenige Minuten später stehen die beiden vor dem Supermarkt. „Wir brauchen Butter und Marmelade“, liest Papa von seinem Einkaufszettel ab, den er aus der Hosentasche gezogen hat. „Ich hole die Marmelade“, ruft Pia und rennt zum richtigen Regal. Sie packt ihren Korb mit Marmeladengläsern voll. Erdbeere. Kirsche. Orange. „Halt, halt. Ein Glas genügt“, lacht Papa. Aber Pia darf entscheiden, welche Marmelade sie im Korb lässt.

Sie stellt die Gläser mit Erdbeer- und Orangenmarmelade ins Regal zurück. Papa hat in seinem Korb die Butter liegen. Dann holen sie noch Mehl, Reis und Müsli. Nun ist Papas Korb schon richtig voll.

„Fertig“, sagt Papa. Sie gehen zur Kasse und stellen sich an. Als sie endlich ein paar Schritte in der Schlange nach vorne gerückt sind, kann Pia es sehen: Dort vor der Kasse steht ihr Lieblingsregal. Darin liegen jede Menge Süßigkeiten. Lecker. Und Pia hat ja wirklich noch genügend Platz in ihrem Korb. Darum beginnt sie, noch etwas dazu zu packen. Zwei Tüten Gummibären. Und einen Schokoriegel.

„Was machst du denn da?“, fragt Papa. Er greift in Pias Korb und legt die Sachen wieder ins Regal zurück. Pia schaut Papa ärgerlich dabei zu. Dann merkt sie, wie es in ihrem Bauch beginnt, zu zwicken. Das Zwicken wird zu einem großen Zwacken.

4

ICH WILL ABER!

In Pias Bauch brodelt eine enorme Wut, und die wird größer und größer.
„Ich will aber!", schreit Pia. Dabei muss sie ganz laut schluchzen. Weil die Wut in ihrem Bauch sie zum Weinen bringt.
„Ich will!", schreit Pia noch einmal. Die dicke Frau, die hinter Papa in der Reihe steht, schüttelt streng den Kopf. Aber das ist Pia egal. Sie trampelt auf der Stelle herum und schreit noch einmal: „Ich will!"
Papa sieht sich neugierig um. „Wo hat er sich denn diesmal versteckt?", fragt er leise. „Wen meinen Sie?", will die Frau hinter ihm wissen. Pia hört auf, zu schluchzen. „Na, den kleinen Trotz. Der kommt manchmal vorbei und fängt an, Pia zu zwicken und zu zwacken."
Pia blickt sich noch einmal um. Der kleine Trotz ist das, der sie zwickt und zwackt? Pia kann niemanden sehen.
„Der kleine Trotz ist ein unsichtbarer kleiner Wicht", erklärt Papa der Frau. Die sieht ihn mit großen Augen an. Papa dreht sich wieder zu Pia. „Ist er weg?", flüstert Papa. Pia dreht sich einmal im Kreis herum. Dann schielt sie zu ihrem Bauch. Dort hat das Zwicken und Zwacken wieder aufgehört. Pia nickt. Der kleine Trotz hat sich wohl wieder aus dem Staub gemacht.
„Gut", meint Papa und wischt sich erleichtert mit einer Hand über die Stirn. „Wo waren wir stehen geblieben?", fragt er Pia.
„Papa, kann ich bitte noch etwas Süßes haben?", fragt Pia freundlich. Papa überlegt. Dann meint er: „Na gut, du kannst dir ein kleines Päckchen Kaugummi aussuchen." Pia freut sich und legt ein rosa Päckchen in ihren Korb. Und dass der kleine Trotz wieder verschwunden ist, darüber freut sie sich auch.

Riegel
Schokolade
Bonbon

Zum Mitmachen, Ausprobieren und Staunen …

SAG DOCH MAL …

Wer ist der unsichtbare Frechdachs, der Pia zwickt und zwackt? Ist dir das auch schon einmal passiert, dass du plötzlich eine riesige Wut im Bauch hattest, wenn du etwas nicht bekommen hast, das du haben wolltest? Ist dir das auch schon einmal in einer anderen Situation passiert?

DIE TROTZ-WEG-MASSAGE

Pia wird von dem kleinen Trotz in ihrem Bauch gezwickt und gezwackt. Manchmal hilft eine sanfte Massage dabei, den kleinen Trotz schnell loszuwerden. Lege deine Hände auf den Bauch. Fühlst du, wie der Bauch beim Einatmen dick und beim Ausatmen wieder flach wird? Streichle mit deiner flachen Hand jetzt langsam in großen Kreisen über deinen Bauch. Lass dann die Kreise kleiner werden, bis deine Hand genau in der Mitte vom Bauch angelangt ist. Fühle noch einmal mit der Hand, wie sich dein Bauch hebt und senkt. Jetzt ist es warm und ruhig in dir drinnen. So kannst du den Trotz und das Wut-Gefühl einfach vertreiben.

SAG DOCH MAL …

Pia darf die Marmelade aussuchen. Weißt du noch, welche Marmeladensorten sie in ihren Korb gelegt hat? Welche davon hat sie sich am Ende ausgesucht?

5 Das ist mein Spielzeug!

Gestern hatte Jule Geburtstag. Das war wirklich ein schöner Tag. Schade, dass Jule jetzt ein ganzes Jahr warten muss, bis sie endlich wieder Geburtstag hat. Trotzdem, eigentlich ist heute auch ein schöner Tag. Denn heute darf Jule eines ihrer Geburtstagsgeschenke mit in den Kindergarten nehmen.

Was könnte sie mitnehmen? Jule überlegt und überlegt. Die Puppe? Oder lieber das neue Puzzle? Nein, sie entscheidet sich für das knallrote Feuerwehrauto. Das will sie ihren Freunden in der Bärengruppe unbedingt zeigen.

„Guten Morgen", grüßt Jule fröhlich, als sie das Gruppenzimmer betritt. Sie hält Ralf, dem Erzieher, gleich ihr Feuerwehrauto unter die Nase.

„Wirklich sehr schön", meint Ralf. „Das kannst du heute gleich auf dem Verkehrsteppich ausprobieren", schlägt er vor.

Jule stolziert mit dem Feuerwehrauto unter dem Arm los.

Auf dem Verkehrsteppich sitzt Erkan. Jule lässt sich neben ihm auf den Boden plumpsen. Erkan schiebt gerade einen gelben Bagger über eine Kreuzung. Aber der sieht schon ziemlich alt aus. Nicht so neu und glänzend wie Jules Feuerwehrauto.

„Cool", staunt Erkan, als Jule ihm das Auto vorführt. „Die lange Leiter auf dem Dach kann man richtig ausziehen", erklärt sie. Erkan nickt begeistert. Er will die Leiter einmal anfassen. Aber Jule zieht das Feuerwehrauto schnell ein bisschen zu sich und schüttelt den Kopf.

„Und wenn man auf diesen Knopf drückt", sagt Jule und drückt auf den Knopf, „dann blinkt das blaue Lämpchen auf dem Dach." „Tatü, tata", macht Erkan. Begeistert greift er nach Jules Feuerwehrauto. Diesmal ist er so schnell, dass Jule es nicht schafft, das Auto wegzuziehen.

5

DAS IST MEIN SPIELZEUG!

„He, das ist meins!“, ruft Jule und will Erkan das rote Auto wieder wegnehmen. Aber Erkan hält es ganz fest und lässt kein bisschen los.
Jule wird schrecklich wütend. In ihrem Gesicht ziehen sich die Augenbrauen zusammen. Ihre Hände ballt sie zu Fäusten. Dann fängt sie an, zu schreien. „Du Blödmann! Gib sofort mein Auto wieder her!“
„Selber Blödmann!“, ruft Erkan ärgerlich. „Hier hast du dein blödes Auto wieder!“
Er stellt das Feuerwehrauto auf den Teppich und gibt ihm einen Schubs. Ratternd rollt es vor Jules Füße. Gerade will sie Erkan wieder wütend anschreien, da fällt ihr etwas ein. Sie nimmt das Feuerwehrauto und dreht es in die andere Richtung. Dann schiebt Jule es an und lässt es in Erkans Richtung sausen.
Erkan sieht dem Feuerwehrauto zu, wie es langsam vor ihm zum Stehen kommt. Dann sieht er Jule fragend an.
„Wir könnten doch zusammen damit spielen“, schlägt Jule vor. Erkan grinst und nickt begeistert. „Aber nicht mehr einfach wegnehmen“, meint Jule. Erkan ist einverstanden und lässt das Feuerwehrauto wieder zu Jule rollen. Zu zweit macht das richtig Spaß. Und es ist viel schöner, als aufeinander wütend zu sein, findet Jule.

© Verlag an der Ruhr | Autorinnen: Ellen Tsalos-Fürter, Petra Bartoli y Eckert | ISBN 978-3-8346-0824-6 | www.verlagruhr.de

Zum Mitmachen, Ausprobieren und Staunen …

SAG DOCH MAL …

Warum bringt Jule ihr Feuerwehrauto mit in den Kindergarten? Weißt du noch, welche Farbe es hat und was man alles damit machen kann? Als Erkan mit Jule spielen will, wird sie schrecklich wütend. Weißt du noch warum? Und warum verfliegt ihre Wut ganz schnell wieder?

DER WUT-TANZ

So kannst du ausprobieren, wie es sich anfühlt, wenn die Wut immer weniger wird: mit dem Wut-Tanz. Beginne, zu deiner Lieblingsmusik wild im Raum herumzutanzen. Du kannst dabei kräftig stampfen und hüpfen, dich drehen und springen. Mache dann die Musik immer leiser. Auch dein Tanz wird immer ruhiger. Hüpfe nur noch ein bisschen. Drehe dich immer langsamer. Drehe dann die Musik sehr leise. Mache dazu ganz sanfte Bewegungen. Hebe deine Arme wie leichte Flügelschläge langsam hoch, und lass sie wieder sinken. Mache dazu kleine Schritte. Merkst du, wie du dich leicht und beschwingt fühlst?

JULE UND ERKAN – ROLLENSPIEL

Spiele die Geschichte von Jule und Erkan mit einem Freund nach. Einer von euch spielt Jule und wird richtig wütend. Der andere spielt Erkan. Überlegt euch, wie die Geschichte weitergehen könnte. Spielt gemeinsam eure Idee.

6

Hast du mich noch lieb?

„Wäh, wäh!" Ina läuft schnell ins Wohnzimmer. Ihr kleiner Bruder Oskar liegt dort in seiner Wiege und schreit. „Vielleicht hat er Hunger?", überlegt Ina. Sie kennt sich da schon ein bisschen aus. Trotzdem ist sie froh, als Mama auch ins Wohnzimmer kommt und sich um Oskar kümmert. „Ina, du bist eine große Hilfe", sagt Mama. Stolz nickt Ina. Eine große Schwester zu sein, ist wirklich etwas Besonderes!
Heute kommt Oma zu Besuch. Als es klingelt, läuft Ina an die Wohnungstür, um zu öffnen. „Hallo Oma", freut sich Ina und hält ihr die Tür auf. Normalerweise gibt Oma ihr immer einen Kuss auf die Nasenspitze. Aber heute nicht. Heute geht Oma einfach an Ina vorbei ins Wohnzimmer.
„Na, wo ist er denn, der süße Kleine?", fragt Oma, und ihre Stimme klingt ganz piepsig und fremd. Ina geht hinter Oma her.
„Vielleicht hat Oma mir was mitgebracht?", überlegt Ina.
„Schau nur, mein Süßer, was deine Oma dir mitgebracht hat", piepst Oma wieder. Sie zieht eine braune Kuschelmaus aus ihrer Tasche und legt sie neben Oskars Kopfkissen.
Ina hat plötzlich ein ganz grummeliges Gefühl im Bauch.
„Du bist ja schon wieder gewachsen", sagt Oma mit dieser fremden Stimme in die Wiege hinein.
Ina merkt, dass das Grummeln in ihrem Bauch immer lauter wird. Ihre Hände fangen zu zittern an, und Tränen schießen ihr in die Augen. Ina hat das Gefühl, dass sie gleich platzen muss. Als die ersten Tränen aus ihren Augen kullern, rennt Ina in ihr Zimmer. Dort wirft sie die Tür einfach zu, die krachend ins Schloss fällt. Sie greift nach der Puppe auf ihrem Bett. Die hat Oma ihr beim letzten Besuch mitgebracht.

6

HAST DU MICH NOCH LIEB?

Ina nimmt ihre Bastelschere. Ritsch, ratsch. Wütend zerschneidet sie das schöne Kleid der Puppe. Am liebsten würde sie der Puppe sogar noch alle Haare abschneiden. Ina sitzt schluchzend auf dem Boden. Plötzlich geht die Tür auf. Mama tritt ins Zimmer.
„Was machst du denn da?", fragt Mama entsetzt.
Doch dann sieht sie, dass Ina ganz durcheinander ist.
„Ich glaube, du bist schrecklich wütend", sagt Mama ganz sanft und setzt sich zu Ina auf den Boden. Ina nickt vorsichtig.
„Oma hat mich nicht mehr lieb", schluchzt Ina. Da nimmt Mama sie in den Arm und streichelt ihr über den Kopf.
„Sie mag jetzt nur noch Oskar", stottert Ina.
„Und darum hast du vor Wut die Puppe kaputt gemacht", stellt Mama fest. Ina nickt. Mama wischt ihr die Tränen von den Wangen. „Sollen wir mal mit Oma gemeinsam darüber sprechen?", fragt Mama. Ina zuckt mit den Schultern. Jetzt schämt sie sich ein bisschen, dass sie einfach ihre Puppe kaputt gemacht hat. Dabei kann die ja gar nichts dafür.
„Bestimmt hat dich Oma immer noch genauso lieb. Wir fragen sie mal, ob sie gleich etwas mit dir spielen mag", schlägt Mama vor. Damit ist Ina einverstanden. Sie nimmt Mamas Hand. Dann gehen beide zu Oma ins Wohnzimmer.
„Und um deine Puppe kümmern wir uns später", flüstert Mama. Ina nickt erleichtert.

Zum Mitmachen, Ausprobieren und Staunen …

SAG DOCH MAL …

Weißt du noch, von wem Ina, Oskar und Mama heute Besuch bekommen? Warum wird Ina auf einmal so wütend? Was macht sie vor lauter Wut? Überlege einmal, ob du selbst auch das Gefühl kennst, vor Wut gleich platzen zu müssen. Was machst du dann?

WUT-BALLON

Damit man vor Wut nicht platzen muss, sollte man im richtigen Augenblick die Luft raus lassen. Das kannst du bei einem Luftballon mal probieren. Puste ihn ganz fest und prall auf, oder lass dir von einem Erwachsenen dabei helfen. Stelle dir vor, so groß ist deine Wut. Jetzt kannst du „Dampf ablassen“: Halte die Öffnung des Luftballons erst mit Daumen und Zeigefinger der beiden Hände zu. Dann ziehst du die Öffnung etwas auseinander und lässt die Finger locker. Wenn die Luft entweicht, entsteht ein pfeifendes Geräusch. Stell dir vor, wie sich die Wut in dem Luftballon langsam in Luft auflöst.

EIN WIEDER-GUT-MACH-BILD

Hast du auch schon einmal vor Wut etwas kaputt gemacht, oder warst du vor Wut schon einmal gemein zu jemandem? Wie kann man das wieder gutmachen? Male ein Bild, auf dem zu sehen ist, wie du dich entschuldigst oder wie du etwas wieder reparierst.

DER WUT-BALL

7

Silas wird sehr oft wütend. Es passiert ihm zu Hause und im Kindergarten: Irgendetwas ärgert ihn so sehr, dass ihm ganz heiß wird. Sein Kopf fühlt sich an, als würde er glühen, und im Bauch brennt es. Das kann Silas dann gar nicht mehr aushalten und möchte am liebsten um sich schlagen oder irgendetwas zerquetschen.

Neulich zum Beispiel. Da hat sein kleiner Bruder Marc ihm sein Lieblingsauto weggenommen. Da war Silas so wütend, dass er ihn in den Bauch geschlagen hat. Sein Bruder hat natürlich sofort angefangen, loszuheulen. Daraufhin ist seine Mama gekommen, hat Marc auf den Arm genommen und getröstet und mit Silas geschimpft.

Überhaupt findet Silas, dass alle immer mit ihm schimpfen. Die Erzieherin Melanie im Kindergarten schimpft auch immer mit ihm. Und Silas weiß ganz genau, dass Melanie mit seiner Mama schon mal darüber gesprochen hat, dass er immer so wütend wird. Silas hat es genau gehört, obwohl er nicht sollte. Aber er ist ja schließlich sechs Jahre alt und nicht dumm.

Heute hat Silas überhaupt keine Lust, in den Kindergarten zu gehen. Beim Frühstück ist sein Lieblingsmüsli alle, und dann kann er seine Turnschuhe nicht finden. Als Mama nun noch seine Kindergartentasche zu Hause vergisst, ist Silas sauer.

„Guten Morgen, Silas!", sagt Melanie fröhlich, als er im Kindergarten zur Tür hereinkommt. „Morgen!", brummelt Silas. Melanie setzt sich zu ihm in die Garderobe. „Kann ich dir helfen?", fragt Melanie weiter. „Ich sehe an deinem Gesicht, dass du vielleicht etwas brauchst." „Ich brauch nix", antwortet Silas. „Ich bin sauer. Mama hat meine Tasche vergessen."

„Das ist doch nicht so schlimm, Silas. Wir finden schon was für dich zu essen." Melanie streicht beruhigend über Silas' Kopf.

7

DER WUT-BALL

„Ich bin aber eh schon wieder voll stark wütend. Warum, sag ich nicht!" Silas starrt zu Boden.
„Weißt du was?" Melanie hebt den Zeigefinger. „Ich hab da eine Idee für dich und das Wütend-Sein. Komm am besten gleich mal mit!"
Sie zieht Silas mit sich in die Küche.
„Pass mal auf", fordert sie ihn geheimnisvoll auf. Dann zieht sie mehrere Schubladen auf und holt einen Trichter, einen Löffel, eine Packung Mehl und zum Schluss aus dem Schrank einen Luftballon heraus.
Sie zieht am Hals des Luftballons und sagt: „Na los. Nimm den Trichter, und stecke ihn in den Hals des Ballons!"
Silas schiebt den Trichter in den Ballon. Melanie lässt los, und der Trichter sitzt fest. Nun darf Silas mit einem kleinen Löffel Mehl in den Trichter füllen. Das Mehl fällt hinein und lässt den Luftballon nach und nach dick und rund werden. Dann sagt Melanie plötzlich: „Stopp" und zieht den Trichter heraus.
Sie macht einen Knoten in die Öffnung und gibt Silas den Ball. Er fühlt sich irgendwie weich, aber auch fest an. Silas kann ihn gut drücken und knautschen.
„Das ist ein Wut-Ball – extra für dich", erklärt Melanie. „Immer wenn du ab jetzt wütend wirst, kannst du den Ball in die Hand nehmen und ihn ganz fest drücken und quetschen. Du kannst deine Wut an ihm auslassen und ihn, wenn es mal ganz schlimm ist, sogar an die Wand werfen."
Silas grinst. „Darf ich mal?", fragt er. Melanie nickt. Silas nimmt den Ball und klatscht ihn gegen die Küchenwand. Mit einem leisen „Plopp" prallt der Ball gegen die Wand und fällt auf den Boden. Da gucken sich Silas und Melanie an und müssen beide ganz lang lachen.

MEHL

7

DER WUT-BALL

Zum Mitmachen, Ausprobieren und Staunen …

SAG DOCH MAL …

Weißt du noch, was man alles benötigt, um einen Wut-Ball zu basteln? Schaue das Bild an, und benenne die Dinge.

RÄTSEL-SPASS

Denke nochmal ganz angestrengt nach. Warum war Silas so wütend auf seinen kleinen Bruder Marc?

EINEN EIGENEN WUT-BALL BASTELN

Bastel dir deinen eigenen Wut-Ball. Male dafür zunächst mit einem wasserfesten Stift ein wütendes Gesicht auf einen Luftballon. Dann pustest du den Ballon einmal richtig auf. Lasse langsam die Luft wieder heraus, und stecke den leeren Ballon auf einen Trichter. Nun kannst du beginnen, das Mehl einzufüllen. Natürlich kannst du statt des Mehls auch trockenen, feinen Sand verwenden. Bitte einen Erwachsenen, einen Knoten in den Ballon zu machen, wenn du fertig bist.

WANN WARST DU ZULETZT SO RICHTIG WÜTEND?

Im Stuhlkreis könnt ihr voneinander erfahren, was euch besonders wütend gemacht hat. Dafür nehmt ihr einen Wut-Ball. Wer den Wut-Ball in der Hand hält, erzählt, wann er das letzte Mal so richtig wütend war. Dann wirft er den Ball zu einem anderen Kind und fragt: „Wann warst du zuletzt so richtig wütend?“

RAUS AUS MEINEM ZIMMER!

8

Emily hat drei Geschwister. Sie ist das jüngste Kind in der Familie. Danach kommen die Zwillinge Tim und Felix. Kira ist ihre älteste Schwester. Emily hat ihr Zimmer neben dem ihrer großen Schwester Kira. Emily mag ihre große Schwester sehr. Am liebsten würde sie den ganzen Nachmittag bei ihr im Zimmer verbringen. Kira erlaubt Emily aber nicht immer, in ihr Zimmer zu kommen. Auch heute wieder nicht. Nach dem Mittagessen fragt Emily: „Kann ich zu dir rein kommen?" „Nein, kannst du nicht!", antwortet Kira. „Nachher kommt noch Stefan."
Stefan ist Kiras Freund. Wenn Stefan da ist, will Emily am allerliebsten in Kiras Zimmer. Denn Stefan spielt dann manchmal etwas mit ihr. Einmal hat er Emily auch etwas mitgebracht. Einen rosaroten Kaugummi in einer runden Dose, der wie eine Schnecke aufgewickelt war.
Emily geht in ihr Zimmer. Nach einiger Zeit hört sie, wie Stefan kommt. Leise schleicht sie aus ihrem Zimmer und über den Flur. Sie drückt die Klinke zu Kiras Tür herunter und flitzt hinein. „Hallo, kleine Schnecke", begrüßt Stefan sie. „Hallo", strahlt Emily.
„Raus, Emily", sagt Kira. „Ich hab's dir vorhin schon gesagt."
„Ach bitte", bettelt Emily. „Nur ein bisschen. Ich will Stefan meinen neuen Zaubertrick zeigen." „Nein und noch mal nein!" Kira schiebt Emily in Richtung Tür. Im Türrahmen klammert sich Emily fest.
„Ich geh nicht! Nein, nein! Du kriegst mich nicht raus!", ruft sie und hält sich mit aller Kraft fest. Kira löst Emilys Finger vom Türrahmen. Dann schubst sie sie in den Flur. „Raus aus meinem Zimmer, verstanden?", schimpft sie und schlägt die Tür mit einem Knall zu. Emily ist wütend. Sie reißt mit einem Ruck die Zimmertür wieder auf und stellt sich breitbeinig vor Kira hin.

„Du kannst mir nix befehlen“, sagt sie mit fester Stimme.
„Oh doch“, gibt Kira zurück. Sie schnappt Emily am Pullover-kragen und trägt sie über dem Boden schwebend hinaus. Dann schließt sie die Tür, und Emily hört, wie sich der Schlüssel im Schloss herumdreht. Das ist zu viel für Emily. Sie klopft mit allen zehn Fingern gegen die Tür. „Hau ab!“, brüllt Kira von drinnen. Da trommelt Emily mit beiden Fäusten an die Tür. Sie trommelt und hämmert und horcht zwischendurch nach drinnen. Es ist nichts zu hören. Emily weiß aber doch genau, dass die beiden da drin sind. Sie wird furchtbar wild bei dem Gedanken. Jetzt trommelt sie nicht nur, sondern tritt auch noch mit den Füßen gegen die Tür. Emily wird heiß und kalt, so fest schlägt sie auf die Tür ein.
Als sie nicht mehr kann, lässt sie sich auf den Boden fallen. Da geht die Tür auf, und Kira schaut heraus. Sie kniet sich zu Emily und will sie berühren. Das geht aber nicht, wenn Emily so wild ist wie gerade eben. Emily strampelt, schlägt nach Kira und schreit und tobt.
Da geht Kira wieder in ihr Zimmer zurück. Emily tobt noch ein bisschen weiter und hört dann erschöpft auf. Sie kann nicht mehr. Sie ist ganz müde, als die Türe wieder aufgeht. Es ist Stefan. „Hast du dich wieder beruhigt?“ Emily nickt und setzt sich auf. „Ich möchte gern mit deiner Schwester etwas Zeit alleine verbringen“, sagt Stefan. „Kannst du das verstehen?“ Emily nickt wieder. Stefan gibt ihr ein Päckchen Gummibärchen. „Die hab ich dir mitgebracht.“ Emily strahlt. „Ich komm nachher mal zu dir, und dann spielen wir was zusammen, einverstanden?“ Und wie einverstanden Emily ist! Sie geht mit ihren Gummibärchen in ihr Zimmer und überlegt schon einmal, welches Spiel sie später mit Stefan spielen möchte.

KiRA
I ♥ music

8

RAUS AUS MEINEM ZIMMER!

Zum Mitmachen, Ausprobieren und Staunen …

SAG DOCH MAL …

Emily hat eine ziemlich große Familie. Weißt du noch, wie viele Geschwister Emily hat und wie sie heißen? Wie groß ist Emilys Familie insgesamt?

RÜCKEN AN RÜCKEN

Wenn du dich mit einem Freund Rücken an Rücken stellst, könnt ihr versuchen, euch gegenseitig wegzuschieben. Markiert zwischen euch eine Linie. Gedrückt werden darf nur mit dem Po. Wer den anderen zuerst über die Linie schiebt, hat gewonnen.

SAG DOCH MAL …

Hast du noch Geschwister? Wie ist das bei euch zu Hause, darf jeder in dein Zimmer kommen, wann er will? Was machst du, wenn du deine Ruhe haben möchtest?

SO EIN WUT-ANFALL STRENGT AN

So ein richtiger Wut-Anfall ist anstrengend. Danach muss sich Emily erst einmal entspannen. Versuche das auch einmal. Lege dich auf den Boden, und strample, schlage und schreie wie wild um dich. Zähl dabei bis zehn. Danach bleibst du ganz entspannt und bequem auf dem Rücken liegen, schließt die Augen und zählst wieder bis zehn.

DIE KLEINEN NERVEN!

9

Serpil und Max sind zusammen im Bewegungsraum. Das ist eines der Zimmer im Kindergarten, in denen die Kinder alleine spielen dürfen.
Heute sind sie sogar nur zu zweit. Serpil hat vorgeschlagen, eine Höhle zu bauen. Da hat Max alle Bausteine, Kissen und Decken angeschleppt, und sie haben davon zwei Höhlen gebaut. Serpil wohnt in der einen Höhle, und Max wohnt in der anderen Höhle. Sie spielen, dass sie dort kochen und schlafen, und manchmal besuchen sie sich gegenseitig oder gehen nach draußen zum Einkaufen oder spazieren.
Serpil und Max sind ganz in ihr Spiel vertieft, als plötzlich die Tür aufgeht. Frau Mertens, die Erzieherin, steht mit zwei kleineren Kindern vor der Tür. Die beiden, Marie und Leonie, sind noch nicht sehr lange im Kindergarten.
„Schaut mal. Das ist unser Bewegungsraum“, erklärt Frau Mertens den Kleinen. „Und das sind Max und Serpil. Sicher lassen sie euch mitspielen.“ Frau Mertens wartet gar keine Antwort von Serpil oder Max ab, sondern schiebt die Kleinen ein Stück nach vorne und schließt die Tür.
Seufzend guckt Serpil zu Max. „Na gut!“, sagt sie dann. „Ihr könnt bei uns wohnen und unsere Kinder sein.“
Marie geht in Serpils Höhle, und Leonie schlüpft schnell hinterher.
„Nein, du musst zu Max gehen“, sagt Serpil zu Leonie. „Hier ist es sonst zu eng.“ „Ich will aber hier bleiben“, sagt Leonie und setzt sich im Schneidersitz auf den Boden.
Jetzt ist es wirklich sehr eng in der Höhle. Also geht Serpil Max besuchen. Gerade als sie in Max' Höhle hineinkrabbelt, hört sie ein Geräusch. Schnell steckt sie den Kopf wieder heraus und sieht gerade noch, wie ein Teil ihrer Höhle einstürzt.

9

DIE KLEINEN NERVEN!

„Halt!“, ruft Serpil. „Ihr dürft doch nicht aufstehen! Ihr habt meine Höhle kaputt gemacht.“
Mühevoll repariert Serpil ihre Höhle wieder. Zu den Kleinen sagt sie:
„Ich geh jetzt mal einkaufen Kinder. Ihr bleibt brav zu Hause.“
Serpil kauft die Zutaten für das Mittagessen auf dem Markt. Anschließend kocht sie in ihrer Höhle Mittagessen für alle Kinder. Leonie und Marie ist das zu langweilig, und sie beschließen, in der Zwischenzeit Zirkus zu spielen. Dabei macht Marie einen Purzelbaum und plumpst gegen die Höhlenwand. Oh nein!
Die ganze Höhle stürzt ein und reißt dabei auch die Höhle von Max um. Alle Kinder sind unter einem Deckenberg begraben! Marie und Leonie kommen lachend heraus. Max kriecht grimmig hinterher. Aber wo ist Serpil? Max schaut ratlos auf die vielen Decken und Kissen, unter denen sich jetzt aber etwas bewegt. Er hebt vorsichtig ein paar Kissen hoch, und da sitzt Serpil und weint. Sie hat die Fäuste geballt, und ihr Kopf ist ganz rot. „Grrr!“, ruft sie plötzlich. „Ihr macht alles kaputt. Ich will nicht, dass ihr hier spielt.“ Sie trommelt vor Wut mit den Fäusten in die Kissen.
Max kniet sich zu ihr. „Komm, wir bauen meine Höhle wieder auf. Dann kannst du bei mir wohnen“, sagt er versöhnlich. „Die Kleinen können sich dann ihre eigene Höhle bauen.“
Serpil beruhigt sich erst wieder, als Max ihr in seiner Höhle ein Mittagessen kocht. Danach ist sie seine Lehrerin und gibt ihm Schreibunterricht. Marie und Leonie spielen weiter Zirkus und machen Kunststücke mit den Decken und Kissen.

9

DIE KLEINEN NERVEN!

Zum Mitmachen, Ausprobieren und Staunen …

SAG DOCH MAL …

Was meinst du? Wollten Serpil und Max die Kleinen überhaupt mitspielen lassen? Hätten sie etwas sagen sollen? Wenn du dir einmal das Bild anschaust, was denkst du dann? Wie fühlt sich Serpil wohl gerade?

EINE HÖHLE ZUM VERSTECKEN

Besorge dir einige Decken, Kissen und Wäscheklammern, und versuche, damit eine kuschelige Höhle zu bauen, in der du spielen kannst.

GERÄUSCHE VOM WÜTEND-SEIN

Serpil macht „Grrr!“ vor Wut. Welche Laute kann man noch machen, wenn man wütend ist? Probiere verschiedene Wut-Laute aus, und mache sie deinen Freunden vor, z.B. „Uah! Mmmmh! Pfff!“. Welche Geräusche klingen besonders wütend?

Tina ist nie dran

„Eins, zwei, drei, das Spielen ist vorbei!“ Die Erzieherin Frau Jansen singt das Aufräumlied.
Tina freut sich. Sie springt sofort auf, um all ihre Malsachen ins Regal zu räumen. Tina weiß nämlich genau, dass nach dem Aufräumen im Kindergarten der Kinderkreis dran ist. Und der Kinderkreis gefällt Tina am allerbesten. Da machen sie immer so lustige Spiele. Und manchmal singen und tanzen sie sogar. Zurzeit machen die Kinder mit Frau Jansen ein Singspiel, das Tina besonders gut gefällt. Es handelt von einem Pinguin auf einer Eisscholle, der lustig hin und her watschelt. Der Pinguin darf ganz alleine watscheln, während die anderen Kinder singen. Dann sucht Frau Jansen ein Kind aus, das als Nächstes in der Kreismitte mitmachen darf. Tina möchte unbedingt einmal diesen Pinguin spielen. Darauf wartet sie schon seit ein paar Tagen.
Als schließlich alle Kinder auf ihren Stühlen im Kreis sitzen, fragt Frau Jansen, was sie spielen wollen.
„Pinguin“, ruft Tina, so laut sie kann. Frau Jansen nickt. Sie winkt Paul heran. „Sei doch du unser erster Pinguin, Paul“, sagt sie.
„Mist“, denkt Tina beleidigt und zieht einen Flunsch. „Warum der Paul schon wieder? Ich hab doch das Spiel ausgesucht.“ Aber Tina will keine Spielverderberin sein und singt trotzdem mit.
Bei der nächsten Auswahlrunde hebt sie ihren Finger ganz hoch und schaut Frau Jansen ganz fest an. Aber diesmal darf Lukas der Pinguin sein.
„Wieder nicht ich!“, denkt Tina verärgert. Sie zieht ihre Stirn in Falten und rutscht auf dem Stuhl umher. Dann schiebt sie ihre Füße ein wenig nach vorne in Richtung Kreismitte.

Dabei wäre Lukas, der neue Pinguin, beinahe beim „Im-Kreis-Watscheln“ darüber gefallen. Schnell zieht Tina ihre Füße wieder ein und singt mit.
Bei der nächsten Auswahl nimmt Frau Jansen die große Lisa dran. Und als ob das nicht schon genug wäre, sagt sie: „Das ist unsere letzte Runde, Kinder.“
Das ist so gemein! Jetzt kann Tina fast nicht mehr mitsingen. Sie versucht es, aber ihr Kinn zittert, und ihre Stimme ist ganz dünn. Ihr Kopf wird heiß, und dann schaut sie auf den Boden, damit niemand sieht, dass ihr die Tränen in die Augen schießen. Dabei stampft sie ein wenig mit den Füßen.
Als das Spiel zu Ende ist, und alle Kinder schon aufstehen wollen, sagt Frau Jansen aber plötzlich: „Moment, Moment. Ich glaube, ich muss mich verbessern. Eine Runde spielen wir noch. Diesmal darf Tina der Pinguin sein. Sie hat bis jetzt jedes Mal so schön für die anderen mitgesungen.“
Tina schaut auf. Sie strahlt. Auf einmal geht es ihr wieder gut. Sie hüpft in die Kreismitte, und als alle Kinder zu singen anfangen, watschelt sie am allerbesten und singt am allerlautesten von allen Pinguinen auf der ganzen Welt!

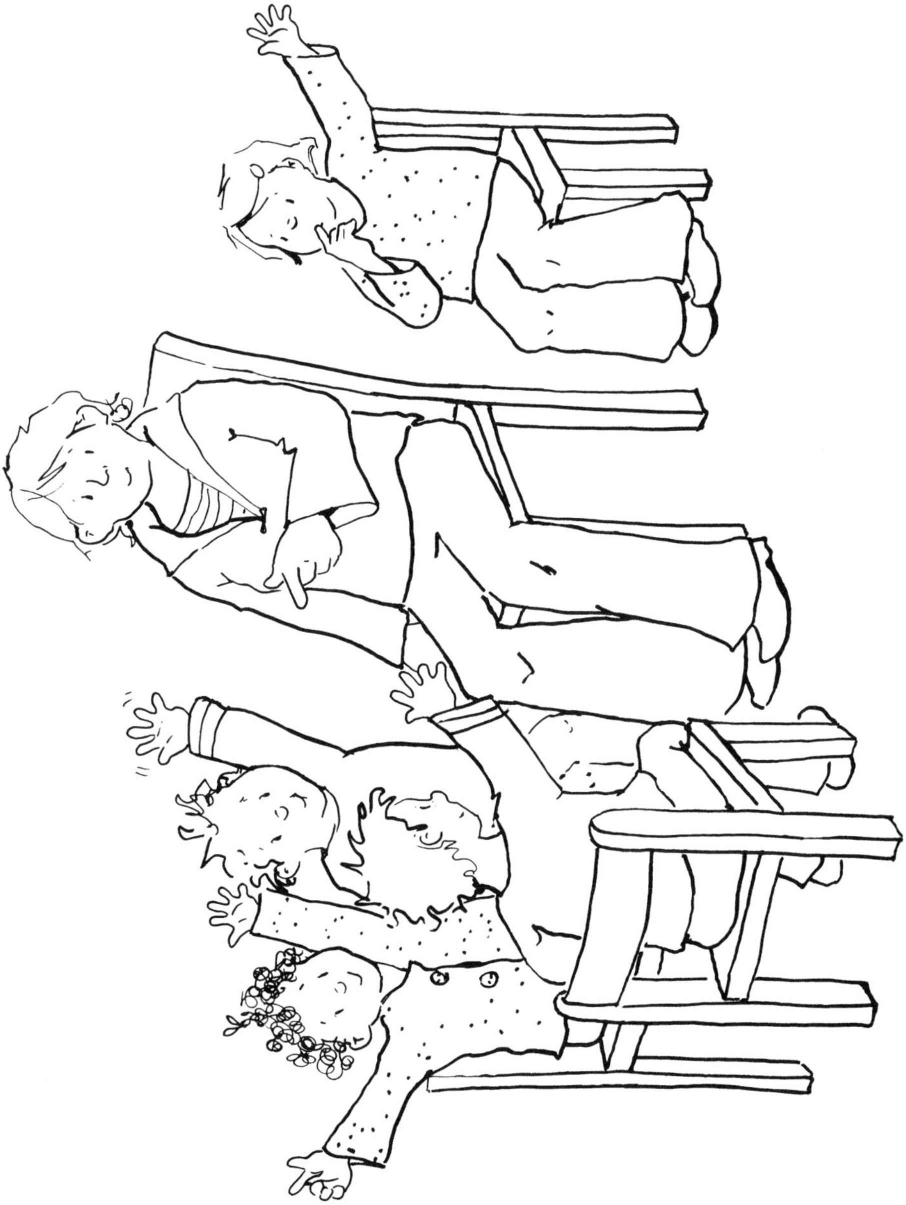

10

TINA IST NIE DRAN

Zum Mitmachen, Ausprobieren und Staunen ...

SAG DOCH MAL ...

Weißt du, warum Frau Jansen Tina doch noch den Pinguin spielen lässt?

GEFÜHLE-PANTOMIME

Tina ist zuerst etwas beleidigt, dann verärgert und am Ende richtig wütend und enttäuscht. Ihr Gesicht sieht dabei jedes Mal anders aus. Kannst du einen von Tinas Gesichtsausdrücken nachmachen? Die anderen Kinder können dann raten, ob du verärgert, beleidigt oder wütend bist.

SAG DOCH MAL ...

Was hätte Tina deiner Meinung nach noch machen können, um auch einmal den Pinguin spielen zu dürfen?

WATSCHELN WIE EIN PINGUIN

Versuche einmal, dich wie ein Pinguin zu bewegen. Du musst dazu auf den Fersen laufen, die Arme eng an den Körper anlegen und die Hände waagerecht halten.

NINAS WUT IM BAUCH

11

Nina freut sich heute schon auf den Kindergarten. Sie hat die letzten beiden Tage mit Liz einen tollen Zoo in der Bauecke aufgebaut, und mit dem wollen sie heute weiter spielen.
Doch als Nina in den Gruppenraum kommt, spielen Liz und Julia zusammen ein Brettspiel. Nina geht zu den beiden an den Tisch.
„Hallo!", grüßt Nina. „Hey", sagt Liz. Julia sagt nur: „Du bist dran." Sie schiebt Liz den Würfel rüber. Keines der Mädchen beachtet Nina weiter. Nina weiß nicht, was sie machen soll. Sie steht noch ein wenig daneben und geht dann alleine hinüber in die Bauecke zum Zoo. Dort stellt sie ein neues Gehege für die Tiger auf. Danach baut sie Schienen um den gesamten Zoo herum. Zwischendurch schielt sie immer wieder zu Liz und Julia hinüber. Die beiden haben ihr Spiel beendet und sich jetzt auch noch ein Puzzle herausgeholt.
Da wird Nina ganz komisch im Bauch. Warum will Liz heute nicht mit ihr spielen? Sie hatten doch gestern so viel Spaß! „Blöde Julia", denkt Nina. „Die ist schuld. Und Liz auch!" Nina ärgert sich. Sie dreht den beiden Mädchen den Rücken zu und schiebt lustlos die Tiere im Gehege umher. Da kommt plötzlich Liz von hinten um Nina herumgelaufen. „Ich bin fertig. Kann ich jetzt mitspielen?", fragt sie freundlich und setzt sich Nina gegenüber. Nina schaut zu Boden. „Nein!", sagt sie dann. „Kannst du nicht. Du kannst wieder gehen. Ich spiele hier alleine." „Was?", fragt Liz entgeistert. „Aber wir haben doch ausgemacht, dass wir heute wieder spielen." „Schon. Aber du spielst ja lieber mit Julia Babypuzzle." Jetzt sieht Nina Liz böse an.
Als Liz enttäuscht aufsteht und wegläuft, steigt das komische Gefühl immer mehr in Ninas Hals und sogar bis in ihre Augen.

Ihr kommen Tränen. Schnell schluckt sie zweimal und wischt die Tränen beiseite. Sie will jetzt nicht weinen. Sie hat schließlich Wut im Bauch, und das lässt sie Liz auch spüren.
Den ganzen restlichen Vormittag sieht Nina kein einziges Mal zu Liz hinüber. Als Liz im Stuhlkreis neben ihr sitzen möchte, wechselt sie schnell den Platz. Dass Liz dabei sehr traurig aussieht, bemerkt Nina schon. Aber die Wut in ihr ist immer noch so groß, dass sie nichts dagegen machen kann.
Am Nachmittag zu Hause hat Nina zu gar nichts Lust. Als sie abends im Bett liegt, fragt ihre Mutter: „Na, Nina? Was ist denn heute los mit dir?" Da kann Nina die Wut nicht mehr runterschlucken, und die Tränen rollen und rollen über ihre Wangen. Sie erzählt alles und hört erst auf, als ihre Mutter sagt: „Das ist doch nicht so schlimm!" „Doch, Mama", sagt Nina. „Jetzt kann ich ja nie wieder gut sein mit Liz. Und Liz ist doch meine Freundin und überhaupt nicht die von der doofen Julia."
„Natürlich kannst du mit Liz wieder gut sein, Nina", sagt Mama und streichelt Ninas Wut-Bauch. „Du nimmst einfach morgen allen Mut zusammen und sprichst mit Liz. Sage ihr, dass du gestern ganz furchtbar schlechte Laune hattest und dass du aber jetzt wieder mit ihr spielen möchtest. Du kannst dich doch ganz einfach entschuldigen."
„Das trau ich mich nicht", sagt Nina leise. „Du schaffst das", sagt Mama. „Du hattest ja auch genug Mut für die Wut. Also bist du auch mutig genug für die Entschuldigung. Ich weiß das!" Mama gibt Nina einen Kuss. Und da spürt Nina auf einmal, dass sie es schaffen kann.
„Also gut", sagt sie tapfer. „Ich versuch's morgen mal. Aber jetzt will ich schlafen. Wut macht müde!" Sie gibt ihrer Mutter einen Kuss, dreht sich zur Seite und schläft sofort ein.

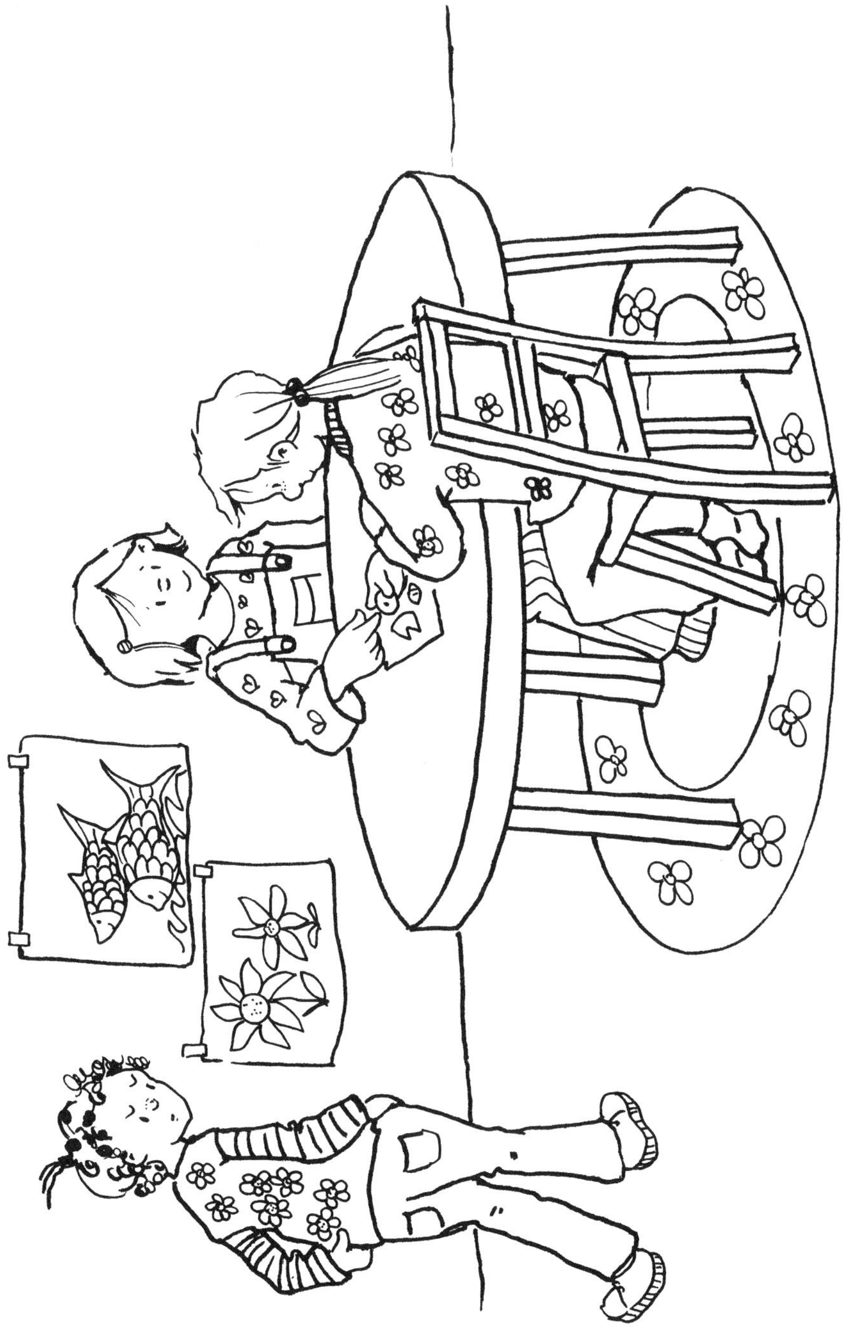

11

NINAS WUT IM BAUCH

Zum Mitmachen, Ausprobieren und Staunen …

SAG DOCH MAL …

Ninas Wut hat einen bestimmten Grund. Bestimmt hast du dieses Gefühl auch schon einmal erlebt. Wie nennt man das, wenn sich jemand so verhält wie Nina?

ENTSCHULDIGUNGS-DIALOG

Weißt du, was du sagen und tun kannst, um dich zu entschuldigen? Versuche einmal, mit einem anderen Kind zusammen, dich zu entschuldigen. Zuerst entschuldigst du dich, dann entschuldigt sich das andere Kind bei dir. Wie fühlt sich das an? Ist die Entschuldigung angekommen? Was kannst du sagen, wenn sich jemand bei dir entschuldigt hat?

SAG DOCH MAL …

Warst du auch schon einmal beleidigt und wenn ja, warum? Was hast du dann gemacht?

Marmelade mag ich nicht

12

Als Leon heute Morgen aufwacht, weiß er auch nicht, was los ist. Er fühlt sich irgendwie müde und komisch.
Langsam steigt er aus dem Bett und geht ins Badezimmer.
Er drückt auf die Zahnpastatube – aber leider etwas zu fest.
Eine lange Zahnpastawurst fällt ins Waschbecken. „Blöd", denkt Leon und beugt sich über das Waschbecken, um mit der Zahnbürste etwas von der Zahnpasta zu angeln. Als er wieder hochkommt, schlägt er sich den Kopf am Hängeschrank an. „Aua", ruft Leon und fasst sich an den Kopf, wo er bereits eine kleine Beule spürt.
„Leon?", ruft Mama von unten. „Alles in Ordnung? Beeil dich. Du kommst zu spät.
„Ja, ja", murmelt Leon und stolpert über den Läufer im Flur, sodass er die ersten Treppenstufen hinunterrutschen muss.
„Heute geht aber auch alles schief", denkt er kurz darauf in der Küche. Auf dem Tisch stehen ein Brotkorb und Marmelade.
Seine Corn-Pops-Schachtel fehlt.
„Wo sind meine Corn-Pops?", fragt Leon schlecht gelaunt.
„Dir auch einen guten Morgen, mein Schatz", antwortet Mama. „Die sind alle!"
„Alle? Was soll das heißen?" Leon lässt sich auf den Stuhl fallen.
„Was soll das wohl heißen, hm?", fragt Mama. „Alle bedeutet leer. Aufgegessen. Schluss, Punkt!"
„Aber ich will meine Corn-Pops. Ich mag kein Marmeladenbrot." Leon stampft unter dem Tisch mit dem Fuß auf.
„Jetzt mach aber mal halblang." Mamas Ton klingt streng.
„Davon geht ja die Welt nicht unter. Du wirst sehr wohl auch mal ein Marmeladenbrot essen können."

12

MARMELADE MAG ICH NICHT

„Nein. Kann ich nicht. Weil, weil, weil, …“ Leon fällt nichts mehr ein.
Mama macht ihn nach. „Na? Weil, weil, weil, weil du nicht weißt, was du sagen sollst?“
„Weil ich Corn-Pops will“, schreit Leon da auf einmal ganz laut und fegt mit einem kräftigen Armschwung die Marmelade und den Brotkorb vom Tisch. Das Marmeladenglas zerbricht mit einem dumpfen „Klong“, und die dunkelrote Marmelade läuft zäh und schmierig über den Fußboden.
Mama schaut fassungslos dabei zu. Leon guckt zuerst erschrocken auf die Marmelade und dann auf Mama. Das wollte er nicht. Seine Wut, die eben noch da war, ist plötzlich verschwunden.
„Entschuldigung“, sagt er schnell. „Das hab’ ich gar nicht gewollt.“
Mama setzt sich an den Tisch. „Entschuldigung angenommen“, sagt sie. „Wir haben beide was Dummes gemacht. Du hast den Tisch leer gefegt, und ich hab dich nachgeäfft. Das war auch nicht gut.“ Sie reicht Leon die Hand. „Sind wir quitt?“ Leon schlägt ein.
„Gemeinsam sauber machen?“, fragt Mama. Leon nickt. Er hilft Mama, den Boden zu wischen. Anschließend essen beide ein „Kakao-Butterbrot“. Und das schmeckt ziemlich gut!

12

MARMELADE MAG ICH NICHT

Zum Mitmachen, Ausprobieren und Staunen …

SAG DOCH MAL …

Weißt du noch, was Leon zum Frühstück essen will?
Was isst du morgens am liebsten?

DAS SCHMECKT!

Versuche auch einmal ein „Kakao-Butterbrot".
Du bestreichst dazu eine Scheibe Brot dünn mit Butter.
Danach streust du etwas Kaba-Pulver darüber.
Guten Appetit!

FRÜHSTÜCKS-COLLAGE

Gestalte eine „Frühstücks-Collage". Schneide aus Werbeprospekten alles aus, was dir zum Frühstück schmeckt. Überlege anschließend, was davon zu einem gesunden Frühstück gehören könnte.

LACH DOCH MAL!

Wenn bei dir einmal alles schief geht, hilft oft lautes Lachen gegen die Wut. Probiere es aus: Ziehe deine Mundwinkel nach oben. Das kannst du vor dem Spiegel gut üben. Öffne dann deinen Mund etwas, und lache laut los.

DAS DONNERWETTER

13

„Wir müssen los!" Mama ruft jetzt schon zum dritten Mal nach Lilly. Aber Lilly sitzt im Schlafanzug auf dem Boden in ihrem Kinderzimmer und malt ein Bild, auf dem Mama, Papa und Lilly zu sehen sind. Da steht Mama plötzlich im Türrahmen. Sie schaut entsetzt auf die malende Lilly.
„Lilly, herrje! Du warst ja noch nicht mal im Bad. Los, komm. Wir müssen aus dem Haus. Ich komme zu spät zur Arbeit."
Sie zieht Lilly unsanft am Arm hoch. Dabei tritt Lilly auf ihr Bild, das unter ihren Füßen zerknittert. „Aua!", ruft Lilly empört. „Ich war noch nicht fertig. Ich wollte noch …"
Den Rest der Worte verschluckt Lilly förmlich, weil Mama ihr im Badezimmer die Zahnbürste in den Mund schiebt.
Lilly schluckt schwer an der Zahnpasta. Ihr Bild ist zerknittert, und fertig geworden ist sie auch nicht. Und daran ist Mama schuld. Außerdem tut ihr Arm weh, wo Mama so fest gedrückt hat.
Lilly macht das „Böse-Monster-Gesicht" in den Spiegel.
Es sieht richtig böse aus. Sie spuckt aus und kämmt sich mit zwei Bürstenstrichen die Haare. Gesicht waschen fällt heute aus. „Lilly!", ruft Mama wieder. „Ich gehe jetzt. Hopp, hopp!"
Mama steht in Jacke und Schuhen und mit dem Regenschirm unter dem Arm im Flur.
Lilly balanciert einen Fuß in ihren Gummistiefel. „Was machst du da?" Mama schreit jetzt fast. „Du bist ja immer noch im Schlafanzug. Zieh dich sofort an!"
Weil Mama so schreit und Lilly sich nicht beeilen will, macht Lilly das „Böse-Monster-Gesicht" zu Mama. Da wird es Mama zu viel. Sie packt schon wieder Lillys Arm und zieht gleichzeitig an ihrem Gummistiefel.

13

DAS DONNERWETTER

Nun wird es aber Lilly auch zu viel. Sie fängt an, zu schreien, und zieht an Mamas Haaren. Da lässt Mama los, und Lilly wirft sich auf den Boden. Sie schreit und schreit, so laut sie kann. Sie schreit alle Wut über das zerknitterte Bild und über Mama einfach ganz lange heraus und wälzt sich dabei am Boden hin und her und strampelt mit den Beinen. Als sie keine Luft zum Schreien mehr hat, ist es auf einmal ganz still. Lilly öffnet die Augen wieder. Aber was ist das? Sie sieht den aufgespannten Regenschirm vor sich. Wo ist Mama? Lilly steht auf und sieht hinter den Schirm. Da kniet Mama und duckt sich.

„Was machst du da?", fragt Lilly über den Regenschirmrand.

„Ich warte, bis das Donnerwetter vorbei ist", sagt Mama. Sie guckt sehr ernst hinter dem Schirm vor.

„Das Donnerwetter?", fragt Lilly. „Ist das auch ein Gewitter?"

„Ja", Mama nickt. „Das ist ein schlimmes Unwetter. Sehr laut und wild. Es wird durch viel Wut hervorgerufen."

„Es ist gekommen, weil du mich so fest gepackt hast und weil mein Bild zerknittert ist", sagt Lilly. Mama nickt wieder.

„Ich weiß. Entschuldigung!" Mama schiebt ihre Hand über den Schirm hinweg zu Lilly. Lilly nimmt Mamas Hand und schüttelt sie.

„Jetzt ist wieder schönes Wetter!", sagt Lilly dann und verschwindet schnell wie ein Blitz im Kinderzimmer, um sich anzuziehen.

13

DAS DONNERWETTER

Zum Mitmachen, Ausprobieren und Staunen …

SAG DOCH MAL …

Kannst du erklären, wann man von einem „Donnerwetter“ spricht?

BÖSE-MONSTER-PANTOMIME

Versuche, auch einmal das „Böse-Monster-Gesicht“ zu machen. Dann mache einmal ein „Gute-Fee-Gesicht“.

WEISST DU NOCH?

Denk noch einmal ganz scharf nach. Kannst Du noch sagen, was Lilly auf ihrem Bild gemalt hat?

GUMMISTIEFEL-WETTRENNEN

Veranstalte mit einem Freund ein Gummistiefel-Wettrennen. Du brauchst dazu zwei Paar Gummistiefel in Erwachsenengröße. Ihr schlüpft jeder in ein Paar Stiefel und lauft um die Wette. Der Schnellere gewinnt.

WUT-DONNERWETTER

Mache ein richtiges Wut-Donnerwetter. Benutze dazu deine Hände und Füße. Klatsche und stampfe erst ganz leise.
Dann wirst du dabei immer lauter. Wenn du magst, kannst du dazu noch laut „Ah“ rufen. Lass dein Gewitter dann nach und nach wieder leiser werden. Streife mit deinen Händen am Schluss über deinen Körper, damit die Wut auch wirklich weg und das Gewitter vorbei ist.

JAKOB WILL ALLES KÖNNEN

14

Jakob ist ein Vorschulkind. Er ist außerdem der Älteste in seiner Kindergartengruppe und auch der Größe. Fast immer ist Jakob darum auch der „Bestimmer" bei seinen Freunden, wenn es darum geht, etwas zu bauen oder zu spielen.
Heute ist „Vorschultag" im Kindergarten. Das gefällt Jakob, denn an diesem Tag machen sie immer etwas Besonderes.
Als er in den Vorschulraum kommt, sagt Elke, die Erzieherin: „Ihr dürft euch hier an die Tische setzen. Immer vier Kinder zusammen an einen Tisch." Jakob schnappt sich sofort seine Freunde Ben, Mario und Niklas und zieht sie mit sich an den nächsten freien Tisch. Elke erklärt den Kindern, dass sie heute das Bienen-Projekt abschließen werden. Das Bienen-Projekt war toll. Jakob weiß seitdem alles über Bienen. Er weiß, wie sie leben und wie sie Honig machen. Sie haben sogar einmal einen echten Imker besucht und durften dort frischen Honig aus den Bienenwaben probieren. Der war lecker.
Alles, was sie während des Projekts erfahren haben, konnten die Kinder von Elke aufschreiben lassen. Davon hat Elke nun für jedes Kind kleine Zettel gemacht, die sie in ein „Bienen-Heft" einkleben sollen. Das gefällt Jakob und geht ganz schnell, denn kleben kann Jakob schon sehr gut. „Wer fertig ist mit Kleben", meint Elke dann, „der darf sein Heft mit Bildern ausschmücken. Toll wäre beispielsweise eine große Biene auf der Vorderseite." „Oh Nein!" Jakob stöhnt. Immer das blöde Malen. Aber er ist als Erster mit Kleben fertig und fängt gleich an. Er beginnt mit dem Körper der Biene. Ist der wie ein Kreis? Oder eher zwei Striche? Jakob weiß das nicht so genau. Er steckt die Zunge zwischen die Zähne und legt einfach mal los. Als er den halben Körper gemalt hat, ist das Blatt zu Ende. Mist! Jakob schielt rüber an den Nachbartisch zu Sara.

14

JAKOB WILL ALLES KÖNNEN

„Die Sara hat schon fast ihre Biene fertig, obwohl sie viel später angefangen hat“, denkt Jakob. Das muss er auch schaffen. Er kann schließlich sonst auch alles am besten. Jakob malt die Flügel. Die sind gar nicht schlecht geworden, findet er. Aber nun hat er keine Lust mehr. Er malt schnell den halben Körper und die Flügel mit gelber Farbe an und ruft: „Fertig! Erster!“ Elke betrachtet seine Biene. „Du hast dich schon sehr angestrengt. Aber überlege mal, was noch fehlen könnte an deiner Biene. Außerdem ist das hier kein Wettrennen, Jakob. Nimm dir ruhig Zeit!“
Jakob weiß genau, was seiner Biene fehlt. Sie hat weder Kopf noch Beine und sieht einfach blöd aus. Die Bienen am Nebentisch der Mädchen dagegen sehen ganz toll aus. Und sogar Ben und Niklas sind schon fast fertig. Jetzt ärgert sich Jakob aber so richtig. Er ballt die Faust ganz fest um den Stift und malt einen Kopf. Der wird viel zu groß, und als er die Augen hinein malt, drücken sie auf die nächste Seite durch das Papier. Jakob versucht, sie auszumalen, aber die Löcher werden immer größer. Da kann er es nicht mehr aushalten und ruft ganz laut: „Blöde Mistbiene!“ Er nimmt sein Heft, zerknittert es und wirft es auf den Tisch.
„Was ist denn los?“, fragt Elke und nimmt Jakob in den Arm. „Ich bin voll sauer!“, heult Jakob. Die anderen Kinder schauen Jakob erstaunt an. „Auf wen denn?“, will Elke wissen. „Na auf mich selber, weil ich keine Biene kann!“ Alles ist ruhig. Dann sagt Sara vom Nebentisch. „Soll ich dir helfen?“ Jakob setzt sich wieder und nickt ganz leicht mit dem Kopf. Da zieht Sara ihren Stuhl an seinen Tisch und streicht sein zerknittertes Heft glatt.

JAKOB WILL ALLES KÖNNEN

14

Zum Mitmachen, Ausprobieren und Staunen …

SAG DOCH MAL …

Jakob ist wütend auf sich selbst. Weißt du noch, was er deswegen getan hat? Kannst du dir vorstellen, wütend auf dich selbst zu sein? Was kannst du dann dagegen tun?

JAKOB UND SARA – ROLLENSPIEL

Spiele die Schlussszene der Geschichte mit deinen Freunden nach, und überlege, was Jakob zu Sara hätte sagen können. Das geht so: Dein Freund sagt: „Ich kann das nicht!“ Du gehst zu ihm hin und fragst: „Soll ich dir helfen?“ Dein Freund antwortet beispielsweise: „Ja danke“, „Sehr gerne!“, oder „Das wäre nett von dir!“

KUNTERBUNTE FANTASIE-TIERE

Schneide aus einem Blatt Papier viele verschiedene Formen aus, z.B. Kreise, Vierecke und Dreiecke. Dann malst du alle mit verschiedenen Farben an. Versuche dann, aus den Formen ein Fantasie-Tier zu gestalten, und klebe es auf ein weißes Blatt Papier. Dieses kannst du dann noch gestalten, damit jeder sieht, in welcher Umgebung dein Fantasie-Tier lebt.

SELBER DOOFMANN!

15

Niklas muss heute ganz früh in den Kindergarten gehen. Seine Mama muss früher in die Arbeit. Niklas findet das doof. Bestimmt ist dann noch keiner zum Spielen da. Aber als Niklas in die Kindergartengruppe kommt, sitzt da schon Noel auf dem Bauteppich und hat die Kiste mit den Zügen herausgezogen. „Hallo!“, ruft Niklas. Noel strahlt. „Sollen wir Zug spielen?“ Noel nickt begeistert. Niklas setzt sich dazu und beginnt, auch einen Zug zu bauen. Sie reihen Wagen um Wagen aneinander, bis jeder der beiden Jungen einen langen Zug vor sich stehen hat. Auf beiden Zügen dürfen Spielzeugtiere mitfahren. Niklas setzt die Bauernhoftiere auf seine Wagen. Noel nimmt sich alle wilden Tiere. Den Löwen und den Tiger und das große Nashorn. Dann bauen sie noch aus den Schienen eine große Acht. So können ihre Züge immer im Kreis hintereinander herfahren.

Sie sind so sehr in ihr Spiel vertieft, dass sie gar nicht merken, wie viele Kinder inzwischen gekommen sind. Plötzlich schiebt sich Sven, ein großer Vorschuljunge, zwischen die beiden. „Ihr habt alle Tiere“, sagt Sven. „Ich brauche auch welche!“ Dabei greift er nach dem Zug von Noel und schnappt sich den Tiger und den Löwen.

Niklas sieht zu Noel hin. Noel macht erst einmal gar nichts. Sven ist schließlich viel größer und älter als er. Dann steht Noel aber auf und sagt: „Ich habe sie zuerst gehabt. Gib sie wieder her.“

„Hol sie doch, hol sie doch“, singt Sven und streckt die Hände mit den Tieren ganz weit nach oben.

Niklas sieht, dass Noels Mund zittert. Er versucht einmal, an Sven hoch zu hüpfen, ist aber viel zu klein, um die Tiere zu erreichen.

15

SELBER DOOFMANN!

Da schießen Tränen in Noels Augen. Niklas fühlt sich ganz komisch, als er das sieht. Er will Noel helfen, aber wie soll er das machen? Noel weint.
„Du bist eine Heulsuse", ruft da Sven „und ein Doofmann."
Er hüpft auf und ab und singt: „Doofmann, Doofmann!"
Niklas sieht wieder zu Noel. Der steht mit hängenden Schultern da und weint. Da spürt Niklas plötzlich etwas. Das komische Gefühl in seinem Bauch ist jetzt viel größer geworden. Es steigt langsam nach oben und scheint irgendwo aus ihm heraus zu wollen. Ihm wird auf einmal auch ganz heiß. Er schaut noch einmal zu seinem weinenden Freund und dann zu Sven, und plötzlich ist sie da. Eine riesengroße Wut hat Niklas ergriffen. Er kann gar nicht mehr anders. Er muss diese große Wut herauslassen. Also steht Niklas auf, baut sich breitbeinig vor dem singenden Sven auf und schreit ihn mit all seiner Wut an, so laut er kann.
„Hör auf!", schreit Niklas. „Du bist selber ein Doofmann!"
Vor Schreck lässt Sven die Arme sinken. Da schnappt Niklas ganz schnell zu und reißt ihm den Tiger und den Löwen aus den Händen.
„Geh weg!", schreit er dann noch und kehrt Sven den Rücken zu.
„Danke!" Noel schnieft erleichtert, als Niklas ihm die Tiere gibt.
„Du hast mir geholfen." „Das war ich nicht", sagt da Niklas.
„Das war meine Wut! Die hat uns geholfen!"

© Verlag an der Ruhr | Autorinnen: Ellen Tsalos-Fürter, Petra Bartoli y Eckert | ISBN 978-3-8346-0824-6 | www.verlagruhr.de

SELBER DOOFMANN!

Zum Mitmachen, Ausprobieren und Staunen ...

SAG DOCH MAL ...

Welche Tiere leben auf einem Bauernhof? Zähle so viele Tiere auf, wie dir einfallen.

WEISST DU, WIE EINE ACHT AUSSIEHT?

Niklas und Noel haben eine Acht aus Schienen gebaut.
Du weißt bestimmt, wie eine Acht aussieht. Kannst du mit dem Finger eine große Acht in die Luft malen? Versuche, auch auf einem großen Papier eine liegende Acht zu malen.

SAG DOCH MAL ...

Warst du auch schon einmal, wie Niklas, für jemanden wütend? Was hast du gemacht?

DAS MACHT STARK!

Niklas stellt sich breitbeinig vor Sven hin. Das macht stark. Versuche es auch einmal. Suche dir einen Freund. Stellt euch beide breitbeinig voreinander auf. Drückt dann beide Handflächen gegeneinander, und versucht, euch gegenseitig wegzuschieben.

DAS IST UNGERECHT!

16

Clara und Naomi spielen im Kinderzimmer. Clara ist schon sechs Jahre alt. Ihre Schwester Naomi ist erst drei. Aber Clara lässt sie trotzdem manchmal mitspielen.
„Du spielst jetzt die Oma, die Zug fahren will. Und ich bin die Schaffnerin", sagt Clara. Naomi nickt. Dann setzt sie sich auf den Stuhl, der an Claras Schreibtisch steht, und macht es sich dort gemütlich.
„Die Fahrscheine bitte", sagt Schaffnerin Clara und beugt sich ganz nahe zu Naomi hin.
„Nein", sagt Naomi.
„Doch. Du musst mir jetzt den Fahrschein zeigen", sagt Clara.
„Ich will aber lieber die Schafferin sein", brummt Naomi.
„Das heißt Schaffnerin. Und das spiele ich jetzt", sagt Clara.
Naomi fängt an, zu schreien. Sie schreit, so laut sie kann, und kippelt dabei an Claras Stuhllehne herum.
„Hey, so geht mein Stuhl kaputt", beschwert sich Clara und hält Naomi am Arm fest. Plötzlich geht die Tür auf, und Mama kommt ins Zimmer. Ihre Lippen sehen ganz klein und zusammengekniffen aus.
„Warum müsst ihr euch eigentlich immer streiten?", ruft sie ärgerlich. „Hört sofort damit auf!"
Mamas Stimme klingt sehr wütend. Clara lässt erschrocken Naomis Arm los.
„Wieso ärgerst du deine kleine Schwester denn?", fragt Mama mit zorniger Stimme und sieht Clara streng an. Oh, das ist ja so ungerecht! Clara schluckt. Sie merkt, dass sie einen dicken Kloß in ihrem Hals hat.
„So war das doch gar nicht", flüstert sie. Weil lauter sprechen mit einem dicken Kloß nicht geht.
Naomi nickt. Clara sieht ihre Schwester verblüfft an.

16 DAS IST UNGERECHT!

„Naomi hat angefangen", meint Clara dann. Jetzt schüttelt Naomi ihren Kopf ganz fest. Clara zuckt mit den Schultern. „Eigentlich haben wir nur ein ganz kleines bisschen Streit", verbessert Clara sich dann. „Da musst du gar nicht schimpfen."
Jetzt nickt Naomi wieder.
Mama sieht zwischen Clara und Naomi hin und her. Dann atmet sie ganz laut ein und wieder aus. Nun sieht sie nicht mehr so wütend aus.
„Vielleicht hat sie ihre Wut einfach aus ihrem Bauch geblasen?", überlegt Clara.
„Na gut", meint Mama ruhig. „Was war denn los?", will sie dann wissen.
Erst erzählt Clara, was passiert ist. Dann erzählt Naomi, was sie dazu denkt. Und während die beiden erzählen, hat Clara plötzlich eine Idee.
„Komm, Naomi, wir setzen einfach unsere ganzen Kuscheltiere auf den Boden in eine Reihe. Dann fahren die alle mit dem Zug. Und wir sind die beiden Schaffnerinnen."
Naomi nickt begeistert.
„Jetzt habt ihr euren kleinen Streit ganz alleine gelöst", staunt Mama.
Clara und Naomi nicken und lachen. Dann hat Naomi auch eine Idee.
„Mama, willst du mitspielen?", fragt sie. Mama nickt und muss jetzt auch lachen.

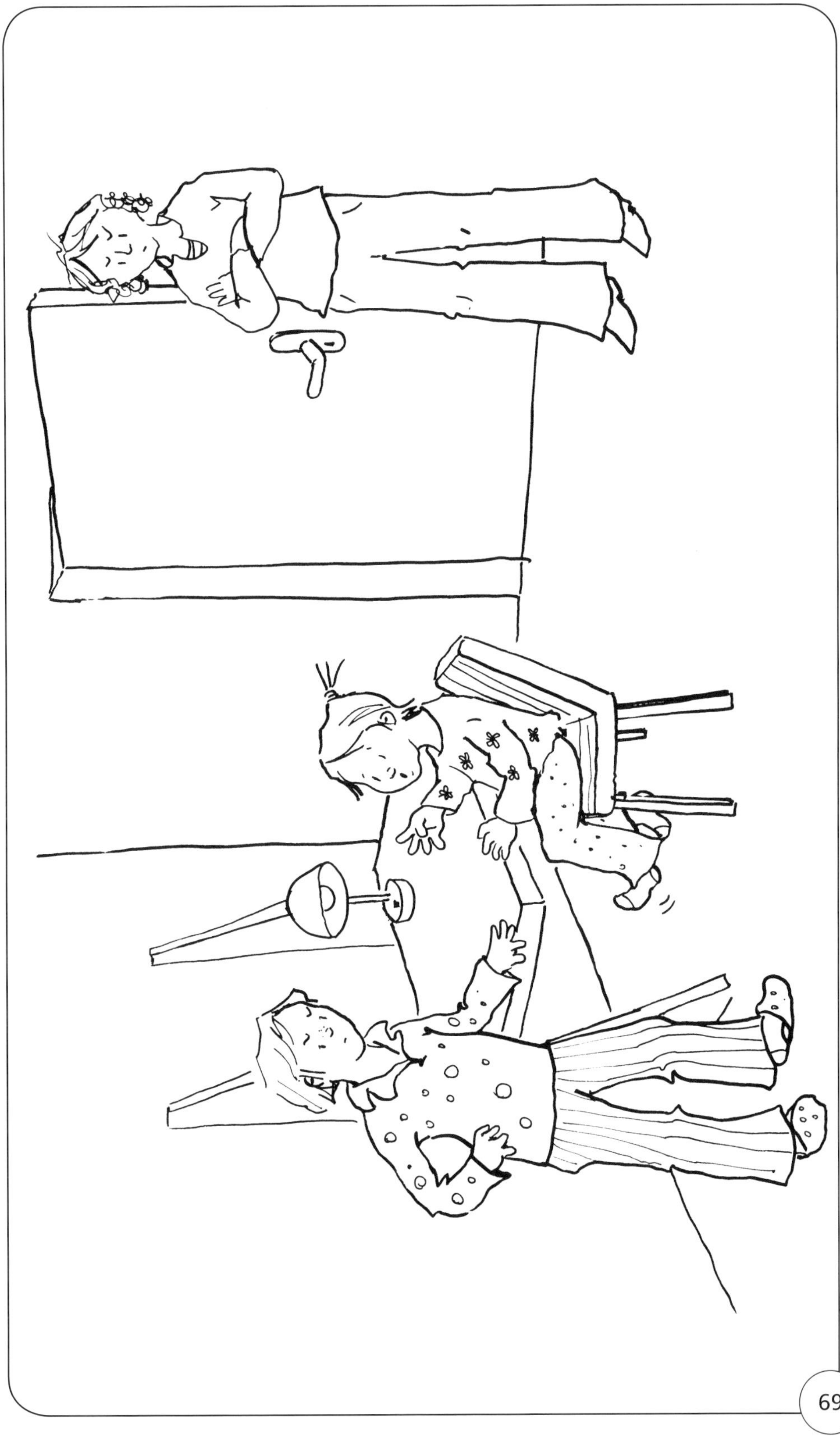

16

DAS IST UNGERECHT!

Zum Mitmachen, Ausprobieren und Staunen …

SAG DOCH MAL …

Was wollen Clara und Naomi spielen? Warum haben sie dann einen kleinen Streit?

ICH BIN DEIN SPIEGELBILD

Suche dir einen Freund. Einer von euch ist der „Vorspieler“, der andere spielt sein Spiegelbild. Der Vorspieler macht nun verschiedene Sachen vor, wie man seine Wut loswerden kann: Schreien, kräftig die Luft heraus pusten, die Hände kneten, den Kopf schütteln, mit den Händen in die Luft boxen.
Was fällt euch noch ein? Der andere macht alle Bewegungen nach. Dann tauscht ihr die Rollen.

SAG DOCH MAL …

Warum hat Clara einen Kloß im Hals, als Mama wütend schimpft? Was findet sie ungerecht? Hast du auch schon einmal etwas ungerecht gefunden? Magst du es erzählen?

DIE WUT WEGBLASEN

Probiere einmal aus, wie es sich anfühlt, wenn man seine Wut einfach aus seinem Bauch heraus pustet. Atme dazu kräftig ein, und halte kurz die Luft an. Blase dann die Luft mit einem lauten „Pfff“ aus deinem Bauch heraus.

17 DAS WOLLTE ICH DOCH NICHT!

Rika sitzt am Maltisch. Dort ist Rika besonders gerne, weil sie da ganz tolle Bilder und Bastelarbeiten machen kann. Tanja, die Erzieherin, stellt jeden Morgen eine Schale mit Glitzerschnipseln auf den Tisch. Kleber und Scheren liegen dort auch. Rika hat sich ein grünes Blatt genommen und eine bunte Blumenwiese darauf gemalt. Jetzt streicht sie Kleber auf die Blütenblätter und verziert ihre Blumen mit Glitzer. Das sieht richtig schön aus.
Lukas sitzt neben Rika. Stolz zeigt sie ihm das fertige Bild: „Schau mal, meine Blumenwiese ist fertig“, sagt sie. Lukas bestaunt Rikas Bild. Dann deutet er auf sein Bild. Auch Lukas hat sich richtig Mühe gegeben. „Ein Raumschiff mit echtem Düsenantrieb“, erklärt er. „Ich mache auch noch Glitzer drauf“, beschließt Lukas. „Gute Idee“, findet Rika und schiebt ihm die Schale mit den Glitzerschnipseln hin.
„Eure beiden Bilder sind wirklich besonders gut gelungen“, lobt Tanja, als sie am Maltisch vorbeikommt. „Was meint ihr? Sollen wir die beiden Bilder im Flur an die Wand hängen?“ Rika und Lukas nicken begeistert. Als der Kleber trocken ist, tragen sie ihre Bilder vorsichtig in den Flur, wo Tanja schon mit Klebestreifen auf sie wartet. Gemeinsam hängen sie die Bilder direkt nebeneinander auf. „Wie in einem echten Museum sieht das aus“, findet Rika. Sie freut sich so sehr über die Bilderwand, dass sie anfängt, fröhlich zu hüpfen und zu tanzen. Auch Lukas hüpft mit.
„Juhu“, jubeln die beiden. Tanja lächelt und geht zurück ins Gruppenzimmer. Rika breitet ihre Arme aus und tanzt weiter. Doch plötzlich macht es „Ratsch“. Erschrocken dreht sich Rika um. Sie hat sich mit ihrer Hand an Lukas Bild verhakt. Und jetzt geht mitten durch das Raumschiff ein langer Riss.

17

DAS WOLLTE ICH DOCH NICHT!

„Du hast mein Bild kaputt gemacht!“, schreit Lukas sie an. Er ist ganz rot im Gesicht vor Wut. „Du Blöde!“, schimpft er. Rika zieht den Kopf ein. „Aber ich wollte das doch nicht“, sagt sie ganz leise.

Gerade will Lukas wieder schreien, da kommt Tanja in den Flur zurück. „Was ist denn passiert?“, will sie wissen. Bestimmt hat sie das Geschrei bis in den Gruppenraum gehört. „Rika hat mein Bild kaputt gemacht“, schnauft Lukas. „Doch nicht mit Absicht“, flüstert Rika.

Tanja sieht sich das zerrissene Bild genauer an. Dann fragt sie: „Was können wir denn jetzt machen?“ Rika überlegt. Dann hat sie einen Einfall. „Kann ich bitte einen Klebestreifen haben?“, fragt sie. Tanja nickt und holt den Abroller aus dem Gruppenzimmer.

„Ich mach dir das Bild wieder heil. Und als Entschuldigung lasse ich dich heute von meinem Apfel abbeißen“, schlägt sie vor. Lukas überlegt. Er ist dabei ganz ruhig und muss nicht mehr schreien. Seine Wut ist verflogen. „Gut, einverstanden“, sagt er.

Als Tanja mit dem Klebestreifen kommt, haben sich die beiden wieder vertragen. Lukas hält sogar den Riss vorsichtig zusammen, damit Rika den Klebestreifen darauf kleben kann. Jetzt sieht das Bild wieder richtig schön aus.

© Verlag an der Ruhr | Autorinnen: Ellen Tsalos-Fürter, Petra Bartoli y Eckert | ISBN 978-3-8346-0824-6 | www.verlagruhr.de

17

DAS WOLLTE ICH DOCH NICHT!

Zum Mitmachen, Ausprobieren und Staunen …

SAG DOCH MAL …

Rika und Lukas sitzen am Maltisch. Weißt du noch, was sie gemalt haben? Was malst du besonders gerne?

DER WUT-BAUM

Lukas ist richtig wütend. Um seine Wut loszuwerden, kann ein Wut-Baum helfen. Suche dir im Garten einen Baum aus, zu dem du hingehen kannst, wenn du so richtig wütend bist. Hier kannst du dich darunter stellen und laut schreien. Dabei kannst du alles sagen, was dich ärgert. Wenn du damit fertig bist, versuchst du, ganz ruhig zu werden. Lege deine Hände dazu auf die Rinde des Baumes. Streichle über die Rinde, und versuche, dich darauf zu konzentrieren, wie sie sich anfühlt. Der Baum wird von der Rinde geschützt. So kann er kräftig und stark in die Höhe wachsen. Jetzt hast du auch wieder Kraft, ohne deine Wut zu den anderen zurück zu gehen.

SAG DOCH MAL …

Weißt du noch, warum Lukas' Bild einen Riss bekommen hat? Wie reagiert Lukas da? Welche Idee hat Rika? Hast du noch einen anderen Vorschlag, wie die beiden den Streit hätten lösen können?

18

ZÄHNEPUTZEN IST BLÖD!

„Karla, kommst du zum Zähneputzen?", ruft Mama. Es ist schon spät, und Karla hat schon längst ihren Schlafanzug an. Jetzt muss sie nur noch Zähneputzen. Karla geht ins Badezimmer und bleibt in der Tür stehen.

„Nein, ich will nicht!", sagt Karla laut.

„Aber Zähneputzen muss sein", meint Mama und hält Karla die Zahnbürste hin.

„Ich will aber nicht", ruft Karla jetzt ziemlich laut. Dabei wirft sie Mama einen grimmigen Blick zu.

„Wenn deine Zähne sauber sind, bleiben sie gesund", sagt Mama geduldig. Aber das weiß Karla natürlich längst. Trotzdem hat sie keine Lust, Zähne zu putzen.

„Nein", sagt Karla entschlossen und stemmt ihre Hände in die Seiten.

„Bitte, Karla. Es ist schon spät. Komm jetzt her", sagt Mama. Ihre Stimme klingt nicht mehr so freundlich wie vorhin. Karla schüttelt den Kopf und will gerade wieder aus dem Badezimmer gehen. Da wird es Mama zu bunt.

„Du putzt jetzt sofort deine Zähne. Hör jetzt auf mit dem Theater", ruft Mama wütend und schwenkt die Zahnbürste wild hin und her. Karla ist richtig erschrocken. Sie will nicht, dass Mama wütend ist.

„Ich kann aber die Zahnpasta nicht leiden", flüstert Karla leise. Aber Mama hört ihr gar nicht zu. Sie geht auf Karla zu und schiebt ihr einfach die Zahnbürste mit der Ekelpasta in den Mund. Karla spuckt sie wieder aus.

„Schluss jetzt. Nachher gibt es keine Gute-Nacht-Geschichte, wenn du dich nicht benehmen kannst", sagt Mama wütend. Da bekommt Karla noch einen größeren Schreck. Jetzt muss sie sogar ein bisschen weinen.

18

ZÄHNEPUTZEN IST BLÖD!

„Aber die Zahnpasta schmeckt doch so ekelig“, schluchzt Karla. Gerade holt Mama Luft, um etwas zu sagen, da kommt Nils, Karlas großer Bruder, ins Badezimmer. Er hat gehört, was Karla eben gesagt hat.
„Stimmt. Ich mochte diese Zahnpasta auch nicht, als ich so alt war wie Karla“, stellt er fest.
Jetzt horcht Mama auf. Und Karla hört auf, zu weinen.
„Es liegt an der Zahnpasta?“, fragt sie.
„Aber das habe ich doch gesagt“, schnieft Karla beleidigt. Sie findet es ziemlich unfair, dass Mama ihr kein bisschen zugehört hat. Mama sieht jetzt nicht mehr wütend aus, sondern irgendwie zerknirscht.
„Das stimmt. Ich war so wütend, dass ich gar nicht gehört habe, was du mir sagen wolltest“, meint Mama verlegen.
„Aber jetzt höre ich dir zu“, sagt sie und lächelt Karla an.
„Was machen wir denn nun?“, will sie von Karla wissen. Karla muss einen Augenblick überlegen. Dann hat sie einen Einfall.
„Wir kaufen morgen neue Zahnpasta. Und heute putze ich meine Zähne ohne Creme.“
„Einverstanden“, sagt Mama.
„Und als Wiedergutmachung lese ich dir heute eine besonders lange Gute-Nacht-Geschichte vor“, meint Mama. „Das ist eine gute Idee“, findet Karla. Und Nils zwinkert seiner kleinen Schwester zu.

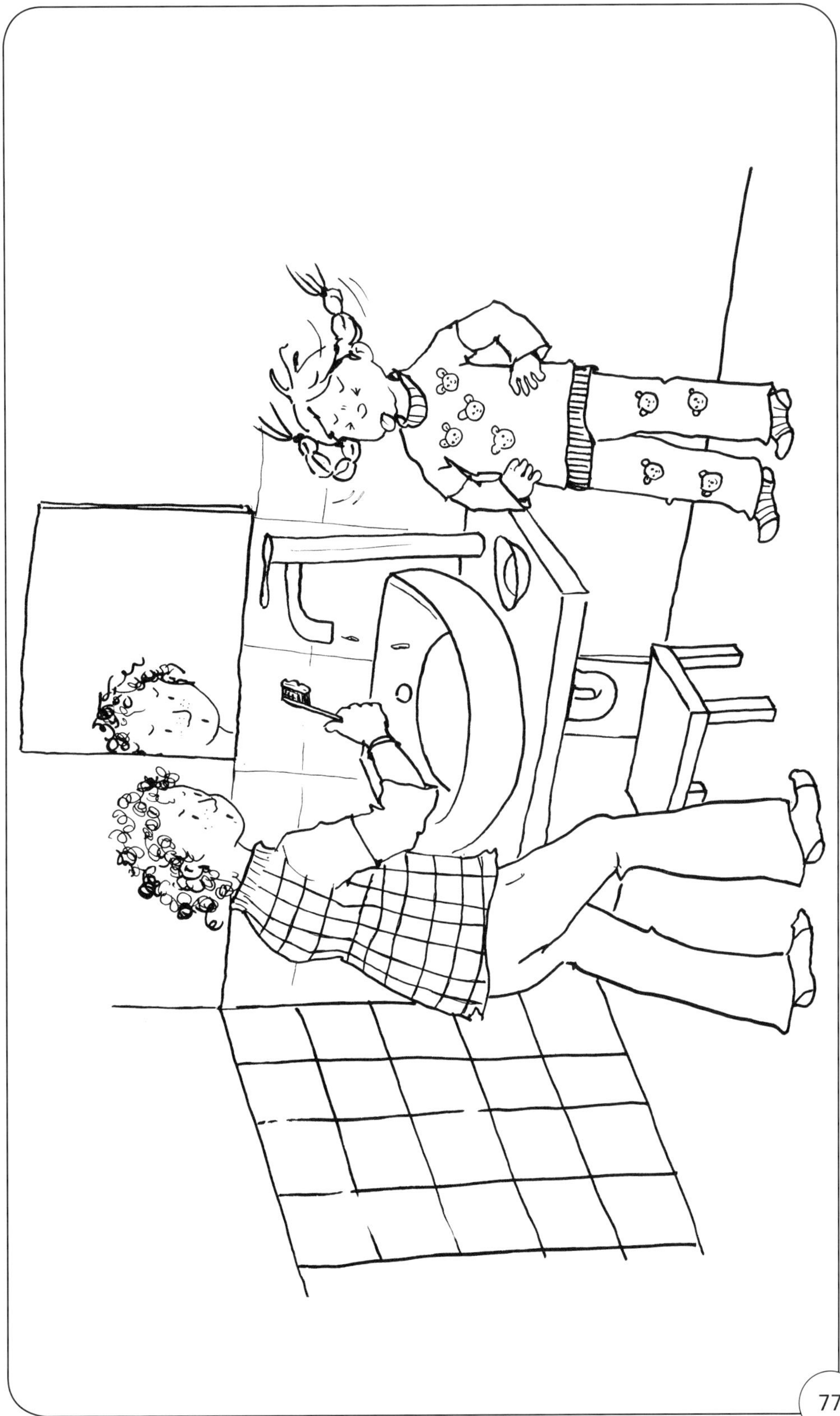

18

ZÄHNEPUTZEN IST BLÖD!

Zum Mitmachen, Ausprobieren und Staunen …

SAG DOCH MAL …

Karla weiß genau, warum sie ihre Zähne nicht putzen will. Weißt du es auch? Warum wird Karlas Mutter so wütend?

DIE KRAFT DEINER STIMME

Die Stimme von Karlas Mutter wird in der Geschichte immer lauter. Probiere aus, was du mit deiner Stimme machen kannst. Überlege dir ein Wort. Sprich es erst ganz freundlich aus. Versuche, es dann zu flüstern. Schließlich schreist du es laut und wütend heraus.

SAG DOCH MAL …

Was kannst du überhaupt nicht leiden? Gibt es auch etwas, wovor du dich ekelst? Was kannst du dagegen machen?

EINE WIEDERGUTMACHUNGSBLUME BASTELN

Karlas Mama möchte die Ungerechtigkeit wiedergutmachen. Bastle eine Wiedergutmachungsblume. Die kannst du dann verschenken, wenn du dich für eine grundlose Wut entschuldigen möchtest. Nimm dazu eine bunte Serviette, falte sie auseinander, und löse die einzelnen Lagen voneinander. Lege die Lagen wieder lose aufeinander, und ziehe sie genau in der Mitte mit Daumen und Zeigefinger nach oben. Wickle einen grünen Pfeifenputzer um das Serviettenbündel, das du nun zwischen deinen Fingern hast. Lasse dabei ein langes Ende übrig, das der Stengel deiner Blume ist. Wenn du magst, kannst du mit einem Stück Biegedraht noch ein Blatt formen und am Stengel befestigen.

19

Streit mit Amelie

Amelie und Tamara sind beste Freundinnen. Darum besuchen sich die beiden auch oft zu Hause. Heute treffen sie sich bei Tamara. Sie hat in ihrem Kinderzimmer schon alles vorbereitet: einen Tisch, viele kleine Schachteln, ihren Kindereinkaufskorb und das Spielgeld. Denn Tamara möchte mit Amelie heute Kaufladen spielen.

„Ich bin die Verkäuferin", sagt Tamara und stellt sich hinter den Tisch. Amelie greift nach dem Einkaufskorb. Aber da fällt ihr etwas ein. „Ich will auch die Verkäuferin sein", sagt sie zu Tamara. „Nein", sagt Tamara bestimmt, „ich bin heute die Verkäuferin."

„Aber du kannst nicht einfach die Bestimmerin sein!", ruft Amelie. Tamara hört genau, dass Amelies Stimme beleidigt klingt. Trotzdem will sie nicht nachgeben. „Gestern hast du bestimmt, dass du die Puppenmama bist. Darum darf heute ich bestimmen", erklärt sie. Amelie schüttelt den Kopf. „Das ist doof", sagt sie wütend und geht hinter den Tisch. Dann versucht sie, Tamara mit ihren Händen vom Verkaufstisch wegzuschieben. „Geh weg!", ruft sie dabei wütend. Tamara schüttelt den Kopf. Sie will nicht weggehen.

„Ich will die Verkäuferin sein!", schreit Amelie jetzt. Dabei fuchtelt sie mit ihren Händen vor Tamaras Gesicht herum. Jetzt hat Tamara genug. Sie lässt Amelie einfach stehen und geht in die andere Ecke ihres Zimmers. Dort steht ihr Puppenbett, und darin liegt Paul, der Kuschelhase. Tamara greift nach Paul und drückt ihn fest an sich. Sie hat Paul vor einigen Wochen auf dem Rummel gewonnen. Dort hatte sie Lose gezogen und für die Nummer 2 ihren Paul bekommen. Plötzlich hat Tamara eine Idee. „Wir losen aus, wer Verkäuferin sein darf", sagt sie in Amelies Richtung. Amelie steht immer

noch hinter dem Tisch, hat einen wütenden Blick und gibt keine Antwort. Tamara legt Paul wieder in sein Bett und geht zu ihrer Bastelkiste. Sie holt zwei Zettel und einen Stift aus der Kiste und setzt sich damit auf den Boden.

Jetzt bewegt sich Amelie doch. Sie atmet tief ein und geht auf Tamara zu. Tamara kann sehen, dass ihr Blick nicht mehr wütend, sondern neugierig ist. Auf einen Zettel malt sie einen Einkaufskorb. Auf den anderen malt sie eine Kaufladenkasse. „Wer dieses Los zieht, darf die Verkäuferin sein." Tamara faltet die beiden Zettel fest zusammen.

„Aber man darf nicht schummeln", meint Amelie, die die Idee von Tamara nun doch ganz gut findet. Tamara nickt und holt ihren Paul. Der muss helfen. Sie legt die beiden Lose auf den Boden und setzt Paul darauf. Ohne hinzuschauen, vermischt sie die Lose unter Pauls Bauch.

„Du darfst als Erstes ziehen", sagt Tamara und hebt Paul in die Höhe. Amelie greift nach einem Los. Gespannt faltet sie es auseinander. Ein Einkaufskorb.

„Na gut, dann bist du die Verkäuferin", meint Amelie. „Aber morgen bei mir darf ich wieder bestimmen", fügt sie schnell hinzu.

Tamara nickt, und dann kann das Kaufladenspiel endlich beginnen.

19

STREIT MIT AMELIE

Zum Mitmachen, Ausprobieren und Staunen …

SAG DOCH MAL …

Amelie ist bei Tamara zu Besuch. Weißt du noch, was die beiden spielen wollten? Was hat Tamara dafür vorbereitet? Warum möchte Tamara heute bestimmen, wer was spielt?

WELCHES LOS GEWINNT?

Wenn du gemeinsam mit deinen Freunden spielst, könnt ihr auch Lose machen, um zu entscheiden, wer z.B. beginnen darf. Dann muss niemand wütend werden. Nimm dazu einfach so viele Zettel, wie ihr Kinder seid. Male auf einen Zettel eine kleine Krone. Falte dann alle Zettel zusammen, lege sie in eine Schale, und mische sie gut durch. Jedes Kind darf einen Zettel ziehen. Das Kind, das die Krone erwischt hat, darf bestimmen oder anfangen.

SAG DOCH MAL …

Woran kannst du erkennen, dass Amelie wütend ist? Was macht sie, und was sagt sie? Welche Idee hat Tamara schließlich, damit sie sich am Ende doch einigen?

RIESENGROSSES WUT-BILD

Male ein richtiges Wut-Bild. Breite dazu eine Folie auf dem Boden aus, und decke ihn damit ab. Lege dann einen großen Bogen Papier darauf. Mit Fingerfarben kannst du nun auf dem Bild wild und wütend malen. Dazu kannst du deine Hände, aber auch deine Füße oder Arme benutzen. Am Ende kann man auf deinem Bild sehen, wie eine richtig große Wut aussieht.

TOBI TOBT

„Hallo Tobi“, begrüßt Pauline den Jungen, der schüchtern vor der Leseecke steht. Tobi ist neu in der Regenbogengruppe der Kita. Jutta, die Erzieherin, hat den Kindern gestern erzählt, dass er heute zum ersten Mal in die Gruppe kommt. Und Pauline will auf alle Fälle, dass es ihm hier gut gefällt. Darum ist sie auch gleich hingelaufen, als er von seinem Papa am Morgen gebracht wurde. Aber da hat sich Tobi ganz fest an der Hand seines Papas festgehalten und wollte sie auf keinen Fall loslassen.

„Lass Tobi noch ein bisschen Zeit, richtig anzukommen“, hat Jutta darum vorgeschlagen. Und das hat Pauline dann auch gemacht. Sie hat sich in der Zwischenzeit ein Bilderbuch genommen und es sich in der Leseecke gemütlich gemacht. Und jetzt steht Tobi neben ihr.

„Magst du dir ein Buch mit mir ansehen?“, fragt Pauline.

Tobi schüttelt den Kopf.

„Wollen wir gemeinsam ein Puzzle bauen?“, fragt sie.

Wieder schüttelt Tobi den Kopf.

„Vielleicht muss er immer noch richtig ankommen“, denkt Pauline und lässt Tobi einfach in Ruhe. Als Pauline umblättert, geht Tobi weiter. Er sieht sich in der Gruppe um.

Als Pauline mit ihrem Buch fertig ist, holt sie sich ein neues aus dem Regel. Da hört sie plötzlich einen lauten Schrei. Erschrocken dreht sich Pauline um. Sie sieht Tobi vor der Bauecke. Dort liegt er auf dem Boden.

„Oje! Bestimmt hat er sich weh getan“, schießt es Pauline durch den Kopf. Schnell läuft sie hin und kniet sich neben Tobi.

„Was fehlt dir denn?“, fragt sie besorgt. Aber Tobi schreit einfach weiter. Immer lauter und lauter. Dabei trommelt er mit den Fäusten auf den Boden und strampelt mit den Beinen.

Jetzt weiß Pauline, dass sich Tobi nicht weh getan hat, sondern dass er schrecklich wütend ist.
„Der spinnt“, meint Leon, der in der Bauecke gerade an einer Rakete baut. „Bloß weil ich gesagt habe, dass er nicht mitspielen kann, hat er sich einfach auf den Boden geschmissen.“ Leon tippt sich mit einem Finger an die Stirn. Pauline sieht Leon streng an.
„Aber Tobi ist doch ganz neu. Da war es nicht nett von dir, ihn nicht mitspielen zu lassen. Er muss doch richtig ankommen. Hat Jutta auch gesagt“, meint sie. Leon zuckt mit den Schultern und baut weiter. Pauline legt vorsichtig eine Hand auf Tobis Rücken. Der fühlt sich ganz zittrig an. Da hört Tobi auf, zu schreien. Nur sein Atem geht noch ganz ruckelig.
„Ich kann schon verstehen, dass du wütend bist“, flüstert Pauline. Dabei streichelt sie mit ihrer Hand vorsichtig auf und ab. Jetzt kommt Jutta.
„Ich habe gehört, was du gerade gesagt hast. Und ich finde, du hast recht“, stimmt sie Pauline zu.
„Vielleicht mag Tobi ja mit mir in die Bewegungsbaustelle gehen?“, schlägt Pauline vor. Sie tippt Tobi vorsichtig auf die Schulter. Da dreht sich Tobi um. Er schluckt und nickt.
„Es ist schön, dass du Tobi verstehen kannst“, meint Jutta. Pauline und Tobi stehen vom Boden auf. Dann nimmt Pauline Tobis Hand. Gemeinsam machen sie sich auf den Weg zu den großen Schaumstoffbausteinen im Flur.

Zum Mitmachen, Ausprobieren und Staunen …

SAG DOCH MAL …

Warum will sich Pauline heute um Tobi kümmern? Wie findest du das? Weißt du noch, warum Tobi auf dem Boden liegt und schreit? Musstest du auch schon einmal vor Wut laut schreien? Wie fühlt sich das an, wenn man wütend ist? Kannst du das beschreiben?

TRAUMREISE

Mache die Augen zu, und stelle dir vor, in deinem Bauch ist eine große Wut-Kugel. Sie fühlt sich heiß und schwer an. Sie drückt dir gegen deine Bauchdecke. Aber du kannst etwas dagegen machen. Du bist nämlich ein Zauberer, der Wut-Kugeln einfach verschwinden lassen kann. Dazu legst du deine Hände auf den Bauch. Dann flüstert du deinen Wut-Kugelzauberspruch:
„Meine Wut wird klein und kleiner – ene, mene, eins, zwei, drei.“ Jetzt reibst du vorsichtig mit deinen Händen deinen Bauch. Spürst du, wie die Wut-Kugel immer mehr schrumpft? Sie ist nur noch so groß wie ein Apfel. Jetzt hat sie die Größe eines Tischtennisballs. Und schwupps – ist sie verschwunden. Atme richtig tief durch, denn in deinem Bauch ist nun wieder Platz. Dann öffnest du vorsichtig deine Augen.

21

DAMIT WILL ICH JETZT SPIELEN!

„Aufräumen, Kinder!“, ruft Oliver, der Erzieher. „Dann gehen wir in den Garten.“
„Juhu“, ruft Moritz. Darauf hat er sich schon den ganzen Vormittag gefreut. Denn heute hat Moritz seine neue Sandschaufel dabei, die er im Sandkasten ausprobieren will.
Schnell räumt er sein Puzzle ins Regal und stellt sich an der Tür an. Leni, seine Freundin, ist auch schon fertig mit Aufräumen und stellt sich neben ihn.
Als endlich alle Kinder fertig sind, gehen sie gemeinsam zur Garderobenbank. Moritz und Leni ziehen sich schnell ihre Schuhe an. Dann greift Moritz nach der Sandschaufel, die bis jetzt auf seinem Garderobenplatz auf ihn gewartet hat.
„Toll“, staunt Leni. „Die ist neu“, strahlt Moritz und klemmt sich die Schaufel stolz unter den Arm.
Draußen gehen die beiden Freunde gleich zum Sandkasten.
„Wollen wir eine Burg bauen?“, schlägt Moritz vor. Er beginnt gleich damit, einen Graben zu schaufeln. Mit seiner neuen Schaufel geht das ganz einfach.
„Gib mal her“, sagt Leni. Sie greift nach Moritz’ Sandschaufel. Aber Moritz hält sie fest. Er schüttelt den Kopf. „Aber ich will sie doch nur ausprobieren. Ganz kurz“, bettelt Leni.
„Nein, die ist neu. Damit will ich jetzt spielen“, bestimmt Moritz. Er schaufelt weiter. Aus den Augenwinkeln kann er sehen, dass Leni ihre Arme vor der Brust verschränkt. Dann zischt sie wütend: „Dann bist du nicht mehr mein Freund.“
Moritz schaufelt einfach weiter und beachtet Leni nicht.
„Ich lade dich auch nicht zu meinem Geburtstag ein“, schreit Leni jetzt zornig und stampft mit ihren Füßen im Sand. Moritz’ Herz klopft ganz laut. „Ich kann dich gar nicht mehr leiden“, sagt Leni schnell.

21

DAMIT WILL ICH JETZT SPIELEN!

„Aber ich hab doch schon ein Geschenk für dich“, sagt Moritz zögernd. Trotzdem hält er die Schaufel immer noch fest in seiner Hand. „Echt?“, fragt Leni jetzt etwas freundlicher. Moritz nickt.

„Na gut. Vielleicht lade ich dich doch ein“, meint Leni nachdenklich. Erleichtert atmet Moritz auf. Leni schielt zu Moritz' Sandschaufel. Das kann er genau sehen. „Kann ich bitte deine Sandschaufel mal ausleihen?“, fragt Leni jetzt freundlich. Moritz überlegt. Er möchte nicht, dass Leni wieder wütend wird. Aber seine Schaufel will er auch nicht verleihen.

Da kommt Oliver am Sandkasten vorbei. „Na, was baut ihr beiden denn da?“, fragt er. „Eine Burg“, meint Leni. „Aber Moritz will mir seine Sandschaufel nicht geben.“

„Die ist ganz neu. Da möchte Moritz sie vielleicht einfach erst selbst ausprobieren“, überlegt Oliver. Moritz nickt.

„Nachher kannst du sie mal haben“, sagt er dann schnell.

„Braucht ihr vielleicht noch etwas Wasser?“, will Oliver wissen. Leni und Moritz nicken. „Dann drehe ich mal den Wasserhahn auf. Bringst du einen Eimer mit?“, fragt Oliver Leni. Begeistert springt sie auf.

„Ich hole Wasser, und du gräbst in der Zwischenzeit weiter“, meint Leni versöhnt. Moritz lacht. Ja, so wird es eine tolle Burg mit einem echten Wassergraben werden!

21

DAMIT WILL ICH JETZT SPIELEN!

Zum Mitmachen, Ausprobieren und Staunen …

SAG DOCH MAL …

Was machen Moritz und Leni im Sandkasten? Was spielst du im Garten besonders gerne? Kannst du dich erinnern, warum Leni nicht mehr mit Moritz befreundet sein will? Wie schaffen die beiden es, sich wieder zu versöhnen? Hast du dich auch schon einmal über einen Freund geärgert? Was hast du dann gemacht?

WIE GROSS IST DEINE WUT?

Wenn du mal richtig wütend bist, kann dir das vielleicht helfen: Versuche, zu zeigen, wie groß deine Wut ist. Ist sie so winzig klein, dass sie zwischen deinem Daumen und deinem Zeigefinger Platz hat? Oder ist sie so groß, dass du beide Arme dazu ausstrecken musst, um sie zu zeigen?

DIE MENSCHENMASCHINE

Zusammen etwas zu bauen, macht mehr Spaß als alleine. Suche dir mindestens drei Freunde. Baut zusammen eine „Menschenmaschine“. Einer von euch ist z.B. eine Kurbel, ein anderer bewegt seine Arme wie ein großes Windrad. Gemeinsam macht ihr „Sch, sch, sch“.

Aylin ist ein echter Hund

22

Aylin ist vier Jahre alt und geht in den Kindergarten „Regenbogen“. Am allerliebsten spielt Aylin dort in der Puppenecke. Aber meistens, wenn Aylin in die Schmetterlingsgruppe kommt, ist die Puppenecke bereits besetzt. Auch heute wieder. Vier Vorschulmädchen spielen dort „Vater, Mutter und Kind“. Aylin ist enttäuscht. Trotzdem geht sie hin und fragt Lina, eines der Mädchen, ob sie mitspielen kann „Nein!“, sagt Lina. „Siehst du doch. Wir sind schon vier, und mehr dürfen nicht rein in die Puppenecke!“

Lina dreht sich weg und spielt weiter.

Mist! Aylin ärgert sich und überlegt. Manchmal, wenn Susanne, die Erzieherin, es erlaubt, dürfen auch mehr Kinder in die Puppenecke. Das will Aylin versuchen. Sie geht zu Susanne und zupft sie am Ärmel. „Du, Susanne“. Susanne schaut sie an. „Die lassen mich nicht mitspielen, weil sie schon zu viert in der Puppenecke sind. Darf ich noch rein?“ „Wenn ihr alle miteinander spielt, darfst du natürlich noch rein“, sagt Susanne freundlich.

Juhu! Aylin freut sich und ruft den Mädchen in der Puppenecke zu: „Ich darf noch mitmachen. Susanne hat’s gesagt!“

Die großen Mädchen verdrehen die Augen und schauen zu Susanne. „Immer müssen die Kleinen mitmachen. Das ist doof“, sagt Lina verärgert. „Ach“, meint Susanne. „Jetzt versucht es doch mal miteinander, hm?“

Nun trauen sich die Mädchen nichts mehr zu sagen und lassen Aylin herein. „Du bist der Hund“, bestimmt Lina sofort. „Dass das klar ist. Du bleibst hier in deinem Korb!“ Sie zeigt auf das Puppenbett. Aylin legt sich ins Puppenbett. Das Spiel der Mädchen geht weiter. Keiner beachtet Aylin. Da bellt Aylin ein paar Mal ganz laut.

22

AYLIN IST EIN ECHTER HUND

„Sei ruhig, Hund, sonst musst du vor die Tür“, sagt eines der Kinder.
Aylin ist langweilig, und sie beginnt, sich ein wenig zu ärgern. Die Großen lassen sie ja gar nicht richtig mitspielen. Die tun nur so wegen Susanne. Aylin will aber mitmachen. Sie steht auf und krabbelt ein wenig umher. „Der Hund will was zum Fressen!“, versucht sie es bei Lina. „Ich habe dir doch gesagt“, zischt Lina leise zu ihr hinunter, „dass du in deinem Korb bleiben und die Klappe halten sollst!“
Da merkt Aylin, dass sie wütend wird. Alle dürfen spielen, nur sie nicht, obwohl sie doch der Hund ist, wie Lina wollte. Die Mädchen beachten Aylin weiter nicht und steigen einfach über sie drüber. Das macht Aylin erst so richtig wütend.
„Dann bin ich jetzt eben auch ein richtiger Hund!“, denkt Aylin. Sie krabbelt entschlossen zu Lina und beißt sie ganz kräftig ins Bein.
„Aua!“, schreit Lina empört und furchtbar laut. Sie fällt um und fasst sich ans Bein. Susanne kommt sofort angelaufen. Schnell krabbelt Aylin wieder in ihren Hundekorb.
„Die hat mich gebissen“, schreit Lina und funkelt Aylin böse an. Aylin funkelt zurück. „Das machen Hunde eben so, wenn sich niemand um sie kümmert!“
Lina und Aylin sind sehr wütend aufeinander. Was kann Susanne nun machen?

22

AYLIN IST EIN ECHTER HUND

Zum Mitmachen, Ausprobieren und Staunen …

SAG DOCH MAL …

Weißt du noch, wie viele Kinder eigentlich in die Puppenecke dürfen? Hast du eine Idee, warum es diese Regel gibt und wofür sie gut sein könnte?

WELCHE TIERFAMILIE FINDET ZUERST ZUSAMMEN?

Mit deinen Freunden kannst du „Tierfamilie" spielen. Du bereitest dazu Karten (in der gleichen Anzahl, wie Kinder mitspielen möchten) vor, auf denen jeweils zwei oder drei gleiche Tiere, wie Frösche, Hunde oder Enten, zu sehen sind. Jedes Kind zieht nun verdeckt eine der Karten. Auf Kommando müssen dann alle Kinder durcheinanderlaufen und den Laut des Tieres auf ihrer Karte nachahmen. So müssen die gleichen Tiere zueinander finden. Die Tierfamilie, die sich zuerst gefunden hat und auf den Boden setzt, hat gewonnen.

EINE BESONDERE SPIELSTUNDE

Versuche, mit deinen Freunden in der Kindergartengruppe einmal eine besondere Spielstunde zu machen. Jedes Kind, spielt in dieser einen Stunde mit einem Kind, mit dem es noch nie zuvor gespielt hat. Danach unterhaltet ihr euch darüber, wie euch die „andere Spielstunde" gefallen hat.

SAG DOCH MAL …

Stell dir vor, du wärst Susanne. Was würdest du zu Aylin und Lina sagen? Was würdest du tun, wenn du Susanne wärst?

Fritz hat Angst

Fritz hat Angst vor so manchen Dingen. Zum Beispiel vor der dunklen Kellertreppe oder vor Wespen. Aber auch vor dem lauten Geräusch, das die Düsenflieger machen, die ab und zu über das Haus fliegen. Am meisten aber fürchtet sich Fritz vor Wut. Wenn jemand auf Fritz wütend ist, weil er vielleicht wieder mal vergessen hat, um welche Uhrzeit er zu Hause sein muss oder dass er die Haustür immer schließen muss, weil der Hund vom Hausmeister sonst ausbüxt, bekommt Fritz Angst. Das liegt daran, dass Menschen, die wütend sind, meistens sehr böse aussehen. Ihre Köpfe werden ganz rot, und ihr Gesicht ist verzerrt. Fast immer schreien sie dann auch. Einmal war zum Beispiel Alex im Kindergarten so wütend auf Fritz, dass er sogar mit dem Fuß nach ihm getreten hat. Da ist Fritz schnell davon geflitzt und hat sich versteckt.

Fritz selbst ist nie wütend. Woran das liegt, weiß er nicht. Vielleicht kann er deshalb auch nicht verstehen, warum andere so oft wütend sind und was sie dann tun.

Heute Abend jedenfalls, beim Abendessen, merkt Fritz schon, dass seine Mama irgendwie wütend ist. Sie versucht zwar, wie immer besonders nett zu Fritz zu sein, aber Fritz spürt trotzdem, dass etwas nicht stimmt. Papa sitzt das ganze Essen über stumm am Tisch, und Mama redet und redet mit Fritz. Als Fritz aufstehen und das Zimmer verlassen darf, beginnt Papa, zu reden. Während Fritz nach oben in sein Zimmer geht, hört er beide, Mama und Papa, sprechen. Als Fritz oben an der Treppe angekommen ist, werden die Stimmen immer lauter, und als Fritz sich auf die oberste Stufe setzt, schreit Mama bereits ziemlich laut. Das mag Fritz überhaupt nicht.

Dann hört er Papa auch schreien. Das mag Fritz noch weniger. Fritz bekommt schon vom Zuhören Angst. Was soll er jetzt tun?

23

FRITZ HAT ANGST

Wieso sind seine Eltern so wütend? Er hält sich die Ohren zu. Aber er hört sie trotzdem. Er muss irgendwie machen, dass sie aufhören. Aber wie? Da hat Fritz eine Idee. Er geht die Treppe wieder hinunter, öffnet die Tür zur Küche und bleibt mitten im Zimmer stehen. Mama und Papa hören sofort auf und schauen ihn beide an. „Fritz", Mama versucht, zu lächeln. „Was ist los? Brauchst du etwas?"
„Ja!", sagt Fritz.
„Was?", fragt Papa.
„Ruhe", antwortet Fritz. „Und dass ihr euch nicht mehr anschreit."
Jetzt schauen beide Eltern nicht mehr wütend, sondern traurig. Mama setzt sich wieder und nimmt Fritz auf ihren Schoß.
„Ich weiß. Wir sind wütend und streiten. Das ist nicht so schön. Aber streitest du nicht auch manchmal mit Paul, deinem Freund im Kindergarten?"
„Nein", sagt Fritz. „Paul streitet manchmal mit mir. Aber ich mache nie mit, und dann sind wir wieder Freunde".
„Aha." Papa sieht Mama schief an. „Genauso ist das ja bei uns auch. Mama streitet mit mir, aber ich will eigentlich gar nicht mitmachen!"
Da prustet Mama plötzlich los und lacht. „Ja! Ganz genau so ist es wohl", sagt sie. „Na dann", meint Papa, „können wir ja nun wieder Freunde sein?" Er steht auf, lächelt Mama an und reicht ihr die Hand.
Mama nimmt sie, und Papa zieht Mama mit Fritz auf dem Arm hoch und legt seine Arme um beide.
„Da bist du ja noch mal glimpflich davongekommen", schmunzelt Mama und stupst Papas Nase. „Na klar", sagt Papa, und Fritz ruft: „Ich auch!" Da lachen alle drei und drücken sich.

Zum Mitmachen, Ausprobieren und Staunen …

SAG DOCH MAL …

Fritz war mutig und hat seinen Eltern einfach gesagt, was er braucht. Weißt du noch, was das war? Hast du auch schon einmal etwas so Mutiges zu deinen Eltern gesagt?

DIE FETZEN FLIEGEN LASSEN

Wenn zwei streiten, sagt man: „Da fliegen ganz schön die Fetzen!" Lass auch mal die Fetzen fliegen. Du brauchst dazu eine Zeitung. Die darfst du möglichst schnell in ganz kleine Fetzen zerreißen und die Fetzen anschließend hoch in die Luft werfen.

DIE STREITSCHLICHTER-STÜHLE

Versuche, Streit durch Handeln und miteinander Reden zu lösen. Du stellst dafür zwei Stühle einander gegenüber. Wenn zwei Kinder streiten, können sie darauf Platz nehmen und einander sagen, was sie stört. Am Ende darf jeder einen Vorschlag zur Lösung des Streites sagen.

ICH MACH'S MORGEN!

24

„Hast du dein Zimmer aufgeräumt, Leon?“ Mama beginnt den Abendbrottisch abzuräumen.
Leon krault die Katze, die um seine Beine streicht, und tut so, als hätte er Mamas Frage nicht gehört.
„Leon!“ Mama bleibt jetzt vor Leon stehen.
„Ich mach's morgen“, nuschelt Leon nach unten.
„Nein!“, ruft da Mama. „Du machst das heute und zwar sofort. Weil du es nämlich schon gestern und auch vorgestern hättest machen sollen. Es reicht. Geh augenblicklich nach oben, und komm erst wieder runter, wenn alles aufgeräumt ist.“
Leon rutscht von seinem Stuhl und schleicht nach oben in sein Zimmer. Er hat überhaupt keine Lust, aufzuräumen. Lustlos kickt er ein paar Stofftiere in die Luft. Da entdeckt er den kleinen Flummiball, den er schon so lange sucht.
Leon lehnt sich mit dem Rücken an seine Zimmertür und beginnt, den Flummiball quer durchs Zimmer hüpfen zu lassen. An die Wand gegenüber und dann einmal auf den Boden und wieder zu sich zurück. Das macht Spaß und klappt mit der Zeit immer besser. Leon übt, den Flummi einmal, zweimal und dreimal hüpfen zu lassen. Er ist fast schon ein richtiger Flummiball-Profi, als Mama ruft.
„Ich komme gleich nach oben. Bist du fertig?“
Ach du Schreck! Aufräumen! Das hat Leon ja ganz vergessen. Er hört schon Mamas Schritte auf der Treppe, und plötzlich steht sie mitten im unaufgeräumten Zimmer. Leon guckt auf den Boden.
„Mensch, Leon!“ Mama schlägt die Hände vors Gesicht.
Als sie die Hände wieder wegnimmt, sieht sie Leon böse an und schimpft: „Es reicht. Seit Tagen versprichst du mir, hier aufzuräumen. Ich bin jetzt echt sauer auf dich!“

„Nein, Mama", sagt da Leon. „Du bist nicht sauer. Du bist stinkesauer! Du bist sogar supersuperdollstinkesauer! Guck doch mal!" Er zeigt auf den Spiegel hinter Mama. Mama dreht sich um und sieht sich im Spiegel an. Ihre Haare stehen nach oben ab. Die Augenbrauen verlaufen schräg, und die Stirn ist gerunzelt. Mamas Mund ist ganz verkniffen, und ihre Augen sind klein und funkeln.

„Stimmt!", sagt Mama. „Ich sehe supersuperdollstinkesauer aus. Bin ich ja auch. Aber warte mal."

Mama schlägt wieder die Hände vor ihr Gesicht und wackelt ein paar Mal mit dem Kopf hin und her. Als sie die Hände wieder weg nimmt, guckt eine fröhliche Mama in den Spiegel. Die Augen leuchten, die Mundwinkel zeigen nach oben, und das ganze Gesicht strahlt.

„Na?", fragt Mama. „Welches Gesicht gefällt dir besser?"

„Das zweite natürlich", antwortet Leon.

„Und was könntest du wohl tun, um dieses Gesicht heute noch zu sehen?"

„Aufräumen?" Leon grinst nun auch über beide Ohren.

„Ganz genau!" Mama zwackt Leon in die Nase. „Du hast eine letzte Chance von zehn Minuten! Los geht's!"

Als Mama die Tür schließt, schießt Leon bereits wie ein geölter Blitz durchs Zimmer und räumt auf. Er hat zwar immer noch keine Lust dazu, aber noch weniger Lust hat er auf das Supersuperdollstinkesauer-Gesicht von Mama.

ICH MACH'S MORGEN!

Zum Mitmachen, Ausprobieren und Staunen …

SAG DOCH MAL …

Denke einmal scharf nach. Kannst du dich noch erinnern, ob Leon ein Haustier hat? Weißt du noch, welches?

DAS ZIMMER-AUFRÄUM-SPIEL

Spiele das Spiel „Ich räume in meinem Zimmer auf." Es geht am besten mit mehreren Kindern. Ihr setzt euch im Kreis, und ein Kind beginnt, indem es sagt: „Ich räume in meinem Zimmer die Legoteile auf!" Das nächste Kind sagt: „Ich räume in meinem Zimmer die Legoteile und die Puzzle auf." Das nächste Kind wiederholt wieder die Dinge, die die vorhergehenden Kinder aufgeräumt haben, und fügt noch etwas hinzu. So geht das Zimmeraufräumen immer weiter, bis sich ein Kind die lange Reihe nicht mehr merken kann. Dann kann von vorne begonnen werden.

GESICHTER-SCHÜTTELN

Versuche einmal, Gesichtsausdrücke zu „schütteln". Du legst dazu die Hände vors Gesicht und schüttelst ein paar Mal den Kopf hin und her. In dieser Zeit überlegst du dir einen Gesichtsausdruck, den du zeigst, wenn du die Hände vom Gesicht nimmst, wie z.B. wütend oder traurig sein. Ein anderes Kind muss raten, welchen Gesichtsausdruck du zeigst. Dann „schüttelst" du ein neues Gesicht.

LITERATURTIPPS

Reichling, Ursula; Wolters, Dorothee:
Hallo, wie geht es dir? Gefühle ausdrücken lernen.
ab 5 J., Verlag an der Ruhr, 1994.
ISBN 978-3-86072-180-3

Kasten, Hartmut:
Soziale Kompetenzen. Entwicklungspsychologische Grundlagen und frühpädagogische Konsequenzen.
Cornelsen Verlag Scriptor, 2008.
ISBN 978-3-589-24575-8

Ostermayer, Edith (Hrsg.):
Emotionalität & Soziale Beziehungen. Bildungsjournal Frühe Kindheit.
0–6 J., Cornelsen Verlag Scriptor, 2009.
ISBN 978-3-589-24645-8

Nöstlinger, Christiana; Nöstlinger, Christine:
Anna und die Wut.
3–6 J., Sauerländer, 2010.
ISBN 978-3-7941-5191-2

INTERNETTIPPS

www.familienhandbuch.de
Umfassendes Portal mit Infos rund um Erziehungsfragen, Familienpolitik und -bildung. Kinderbetreuung, kindliche Entwicklung und mehr. Hier finden Sie auch Beiträge zu den Themen „Wut", „Trotz" und „Aggressionen".

** Die in diesem Werk angegebenen Internetadressen haben wir geprüft (Stand April 2011). Da sich Internetadressen und deren Inhalte schnell verändern können, ist nicht auszuschließen, dass unter einer Adresse inzwischen ein ganz anderer Inhalt angeboten wird. Wir können daher für die angegebenen Internetseiten keine Verantwortung übernehmen.*

Verlag an der Ruhr

Postfach 10 22 51
45422 Mülheim an der Ruhr

Telefon 030/89 785 235
Fax 030/89 785 578

bestellungen@cornelsen-schulverlage.de
www.verlagruhr.de

Es gelten die Preise auf unserer Internetseite.

■ Weg mit der Wut!

101 Spiele zur Konflikt- und Gefühlsbewältigung

Petra Bartoli y Eckert, Ellen Tsalos

3–6 J., 112 S., 16 x 23 cm, Paperback

ISBN 978-3-8346-0830-7

Best.-Nr. 60830

15,80 € (D)/16,25 € (A)/25,50 CHF

5-Minuten-Mitmach-Geschichten für Kita-Kinder

■ Jahreszeiten-Geschichten

Petra Bartoli y Eckert, Ellen Tsalos

3 – 6 J., 103 S., 16 x 23 cm, Paperback

ISBN 978-3-8346-0538-2

Best.-Nr. 60538

12,80 € (D)/13,15 € (A)/23,– CHF

5-Minuten-Mitmach-Geschichten für Kita-Kinder

■ Geschichten vom Nein-Sagen

Petra Bartoli y Eckert, Ellen Tsalos

3 – 6 J., 103 S., 16 x 23 cm, Paperback

ISBN 978-3-8346-0605-1

Best.-Nr. 60605

12,80 € (D)/13,15 € (A)/23,– CHF

5-Minuten-Mitmach-Geschichten für Kita-Kinder

■ Gespenster-Geschichten

Petra Bartoli y Eckert, Ellen Tsalos

3 – 6 J., 103 S., 16 x 23 cm, Paperback

ISBN 978-3-8346-0606-8

Best.-Nr. 60606

12,80 € (D)/13,15 € (A)/23,– CHF

Keiner darf zurückbleiben